JN427280

과거와 미래로 타임머신

대한과학진흥회 _엮음

스완미디어
SWAN MEDIA

책 머리에

오늘날 우리들은 고도로 발달된 과학 문명의 혜택 속에 살고 있습니다.

우리의 선진 조국 창조를 위해 무엇보다 중요한 것이 과학기술의 개발입니다. 특히 자원이 부족한 우리나라에서 가꾸어야 할 유일한 자원은 과학 기술로 무장한 풍부한 인력 자원입니다.

대한 과학 진흥회에서는 배우는 학생들을 위해 사물을 깊이 관찰하는 습관과 합리적이고 창의적인 과학적 사고를 심어 주기 위한 방법의 하나로 과학 문고를 엮어 내고 있습니다.

과학 문고를 펴냄에 있어서 딱딱한 과학지식을 그림을 곁들여 쉽고 재미있게 이야기로 풀어 써서 학생들이 스스로 원리를 발견하고 재미를 느끼게 함으로써 과학의 여러 분야에 대하여 흥미를 갖고 접근할 수 있도록 하였습니다.

이 책과 더불어 많은 학생들이 과학에 깊은 관심을 갖고 탐구심과 창의력을 기르며 과학을 생활화 할 줄 아는 사람이 되는데 많은 도움이 되었으면 하고 바라는 마음 간절합니다.

기획편찬 **대한과학진흥회**

차례

시간의 역사

시간이란 무엇일까?

우리들은 친구와의 약속 시간, 학교를 갈 시간, 수업 시간, 잠자리에 들 시간 등등 모든 시간마다 시계를 보고 그 시간을 알게 됩니다.

그러면 시계가 가리키고 있는 시간이란 과연 무엇일까요?

시간이란 시계 바늘의 움직임처럼 우리들의 눈에 보이는 것은 아닙니다.

지나간 과거로부터 현재, 또 현재에서 미래에도 끊임없이 이어져 머무르지 않고 일정한 빠르기로 옮아간다고 생각되는 그 어떤 것을 시간이라고 말합니다.

시계는 다만 그 시간을 재는 장치, 또는 기계를 말하는 것인데 시계가 가리키고 있는 시간이란 하루를 24등분하여 어떤 시간에서 다른 시각까지의 동안 또는 그 나누어진 길이를 말하는 것이지요.

그렇다면 시계가 발명되기 이전에는 어떻게 시간의 흐름을 알 수 있었을까요? 그때에는 시간이 없었을까요? 그렇지는 않습니다.

먼 옛날, 최초의 인류인 우리의 조상들이 동굴에서 생활하던 때에도 시간은 흐르고 있었습니다.

그러나 그 무렵의 우리 조상들은 마치 오늘날의 고릴라나 비비원숭이와 마찬가지로 시간이 무엇인지를 몰랐습니다. 단지 다른 동물들처럼 본능적으로, 해가 떠서 온 세상이 밝아지면 일어나 동굴 밖으로 나가 사냥을 하거나 과일을 채집했습니다.

배가 고프면 아무 때나 사냥한 짐승이나 물고기, 과일 등을 먹었습니다.

그러다가 해가 지고 어둠이 밀려오면 적의 위험으로부터 피해 다시 동굴 속으로 들어가 잠을 잤습니다.

이렇게 하루가 지나간 것입니다. 그러나 이 하루는 요즘처럼 '어제'라는 이름으로 쌓이는 것이 아니었습니다. 단지 지나가 버린 것이었으며, 이런 하루들이 계속 지나가고 나면 어느 새 환경이 바뀌어 있었습니다. 먹을 수 있는 갖가지 과일과 식물들이 햇빛을 받으며 자라던 넓은 들판이 어느 새 차갑고 하얀 눈으로 덮여 버리는 것입니다.

따라서 최초의 인류인 원시인들은 해가 뜨는 것과 지는 것, 계절이 바뀌는 것, 그리고 아이들이 자라나는 모습과 자신들이 늙는 것을 보면서 시간이 흐른다는 것을 알았습니다. 그리고 이러한 생활은 아주 오래도록 반복 되었습니다.

시간 나누기

원시 시대의 우리 조상들은 해가 뜨고 지는 것, 계절이 바뀌는 것 등과 같은 자연 환경이 자신들의 생활을 지배하고 있음을 느꼈습니다.

그 당시 자연의 힘이란 너무나 막강한 것이었습니다. 만약에 산사태가 나서 거대한 바위 덩어리가 길 가운데 가로놓여 있다고 생각해 보십시오.

발달된 과학 문명 속에 살고 있는 우리 현대인들은 각종 기계를 동원해 그 바위를 치웠을 것입니다. 그러나 그런 기계를 상상도 할 수 없었던 원시인들에게 그 바위는 움질일 수 없는 거대한 신과 같았을 것입니다.

왜 그 당시 우리 조상들이 자연 숭배 사상을 가지게 되었는지 여러분은 어렴풋이 짐작이 갈 것입니다.

그들은 해가 뜨고 지는 것을 보고 한 달이 지나감을 알게 되었습니다.

달은 완전하게 둥근 만월의 모양으로부터 점차 반원형으로 줄어들고, 그러다가 다시 만월의 모양이 되었습니다.

이러한 달의 여행은 해가 스물아홉 번 반을 뜨고 지는 동안 진행되었습니다.

그들은 해의 움직임에서 생각해 낸 '일'이라는 개념 외에도 '월'이라는 두 번째 시간 개념을 깨닫게 된 것입니다.

사람들은 오래지 않아 그러한 달의 여행이 열두 번 반복되면 봄 · 여름 · 가을 · 겨울의 4계절이 완전히 한 바퀴 돌게 된다는 사실도 발견하게 되었습니다.

이렇게 하여 '일'과 '월' 그리고 '년'이라는 시간 단위가

탄생한 것입니다.

만약 지금 우리에게 '년'이나 '월', '일'의 개념이 없다고 상상해 보세요. 즐거웠던 작년 여름 방학을 우리는 언제라고

친구들에게 설명해야 될까요?

더 많은 시간이 흐른 뒤, 사람들은 보다 창조적이고 보람 있게 생활하기 위해서는 한 달을 더 작은 단위로 나누어야 한다고 생각했습니다. 그리하여 '주'라는 시간 단위를 만들어 냈습니다.

지금 누가 여러분에게 일주일이 며칠이냐고 질문한다면 여러분은 자신 있게 7일이라고 대답할 것입니다.

그러나 '주'가 처음 만들어질 당시에는 각 나라마다 주의

일 수가 달랐습니다.

어느 나라에서는 5일 동안을 1주로 하였고, 또 다른 나라에서는 10일이나 8일 동안을 1주로 삼았습니다.

사실 1주는 5일이든 10일이든 아무 상관이 없습니다. 1주를 5일 삼아서 한 달을 6주로 나눈다 해도 괜찮습니다. '주'라는 시간 단위는 전체의 움직임이라든가 과학적인 근거에 의해서 만들어진 게 아니기 때문이지요.

만약 한 달에 일요일이 여섯 번이나 있게 된다면 우리들은 얼마나 즐거울까요?

지금과 같이 1주가 7일 단위로 된 것은 3세기경 로마에서 비롯되었습니다.

그 당시 로마 사람들은 하루하루가 일곱 개의 별들 가운데 어느 하나의 지배를 받는다고 믿었습니다. 그 일곱 개의 별이란 다름 아닌 해와 달, 그리고 화성 · 수성 · 목성 · 금성 · 토성이었습니다.

그래서 이 별의 수에 따라 1주일을 7일로 정하고 첫째 날에는 달을, 둘째 날에는 화성을, 셋째 날에는 수성을…. 이런 식으로 각 날마다 별의 이름을 붙여 요일을 만들었습니다.

여러분의 시간표에 쓰여진 월 · 화 · 수 · 목 · 금 · 토 · 일은 이렇듯 바로 별의 이름인 것입니다.

지금 여러분 가까이에 달력이 있다면 펼쳐서 확인해 보세요. 각 달을 표시하는 숫자 옆에 영어로 된 그 달의 명칭이 적혀 있을 것입니다.

앞에서 말했듯이 그것들은 대부분 로마어에서 유래된 것입니다.

1월 'January' 는 얼굴이 두 개였던 로마의 신 ' 야누스 '에서 유래되었습니다. 야누스의 두 개의 얼굴 중 한 개는 과거를

향해 바라보고 있습니다.

아마도 1월이 지난해인 12월의 다음 달이기에 야누스 신의 이름을 붙였는지 모릅니다. 야누스는 또한 모든 사업의 시작에 영향을 끼치는 신이며, 집의 수호신이기도 합니다.

2월 'February'는 2월 15일에 치르던 로마의 축제에서 나온 말 '페브루아'에서 유래되었습니다.

3월 'March'는 로마의 전쟁 신 마르스(Mars)에서 유래되

었습니다.

4월 'April' 은 '열다' 라는 'Aprire' 에서 유래하였는데 그 것은 봄에 꽃이 봉오리를 활짝 열며 피어나는 것과 관계가 깊은 말입니다.

5월 'May' 는 로마의 성장의 신 '마이아(Maia)' 에서 유래하였습니다. 5월은 새싹들이 무럭무럭 성장하는 때이니까요.

6월 'June' 은 대지와 출생의 로마 여신 쥬노(Juno)에서 유래되었습니다.

7월은 'July' 는 이 달에 태어났던 줄리어스 시저가 자신의 이름을 따서 붙인 것입니다.

8월 'August' 역시 줄리어스 시저의 조카이면서 로마의 황제가 된 옥타비우스 아우구스투스의 이름에서 딴 것입니다. 그런데 7월과 8월이 연이어 31일씩인 것은 그들이 자신들을 기념하는 그 달을 하루라도 더 늘리기 위해 그렇게 한 것이랍니다.

9월 'September' 는 7을 가리키는 로마어 '셉템(Sep-tem)' 에서 유래하였습니다. 고대 로마 달력에서의 9월은 7번째 달이었기 때문입니다.

10월 'Octobber' 는 8을 가리키는 로마어 '옥토(Octo)' 에서 유래되었는데, 10월은 고대 로마의 달력에서 8번째 달이었

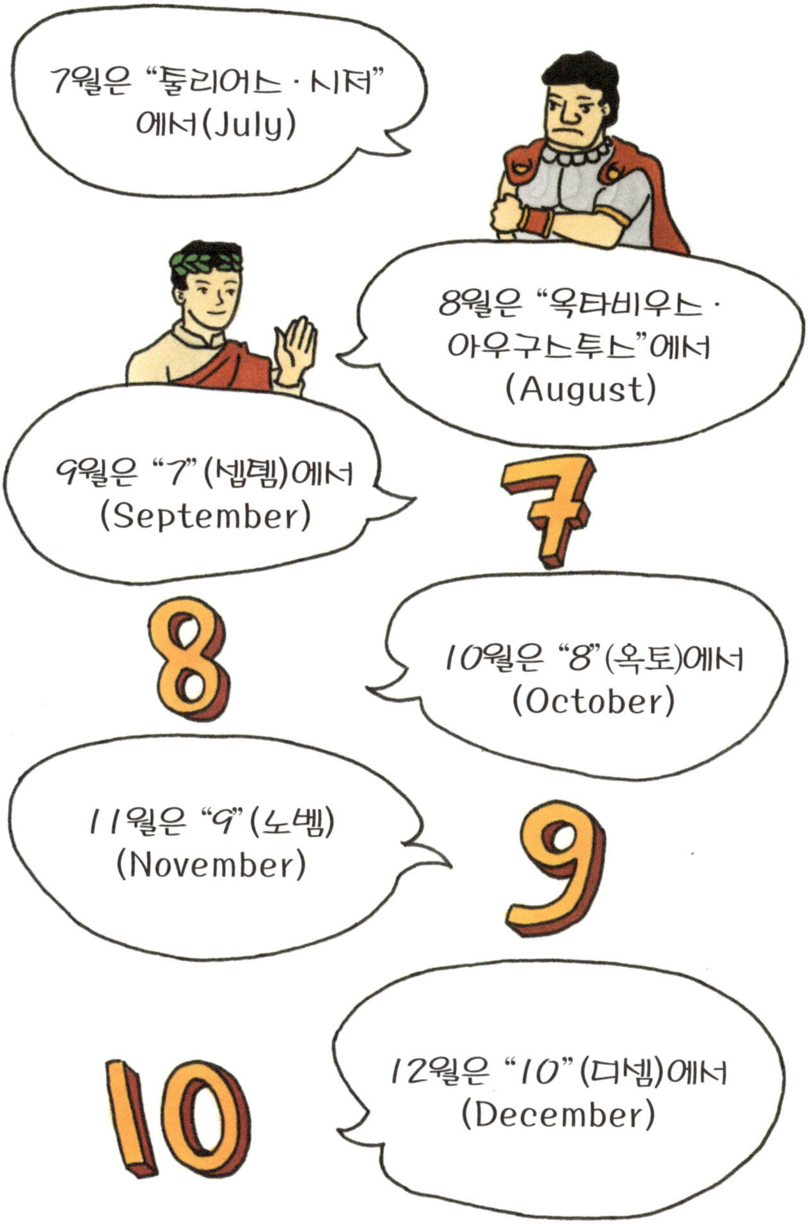
7월은 "줄리어스 · 시저" 에서(July)
8월은 "옥타비우스 · 아우구스투스"에서 (August)
9월은 "7"(셉템)에서 (September)
7
10월은 "8"(옥토)에서 (October)
8
11월은 "9"(노벰) (November)
9
12월은 "10"(디셈)에서 (December)
10

습니다.

11월 'November' 역시 숫자를 가리키는 로마어인데 9라는 노벰(Novem)에서 유래하였습니다. 고대 로마 달력으로는 11월은 9번째 달이었던 것입니다.

마지막으로 12월 'December'는 10을 가리키는 로마어 '디셈(Decem)'에서 유래한 것으로 고대 로마 달력에서 12월이 10번째 달이었기 때문이지요.

일주일의 하루하루에 이름이 붙어 있듯이 이렇든 각 달에도 이름이 있는 것입니다. 이것 역시 로마에 의해 처음 만들어진 것이 조금씩 형태가 변하여 지금까지 쓰이고 있습니다.

이렇게 해서 인류는 오랜 기간 제자리걸음을 하고 있던 시간을 '년 · 월 · 주 · 일'이라는 이름으로 나눔으로써 과거의 기억을 흩어지지 않게 쌓아 둘 수 있게 되었으며 또 다가올 미래까지도 계획할 수 있게 되었습니다.

더 잘게, 더 작게

하루라는 시간이 24조각으로 잘게 나뉘어있지 않다면 우리들에게는 어떤 일이 일어날까요?

우선 친구와 만나기로 한 약속 시간이 어긋나게 될 것입니다.

상상해 보십시오. 시간이 나뉘어 있지 않으므로 여러분은 아마 어떤 기준을 세워 두고 약속을 정할 것입니다.

예를 하나 든다면, 돌이와 철이가 각자 집에서 점심을 먹은 후 어느 공원 분수대 옆에서 만나기로 하였습니다.

돌이는 배가 고파 점심을 서둘러 일찍 먹고 곧바로 공원으로 나갔습니다. 그러나 철이는 군것질을 하였기 때문에 늦게 점심을 먹고 공원으로 나갑니다.

그랬을 경우, 아마도 돌이는 기다리다 지쳐 가 버렸거나 잔뜩 화가 난 채 기다리고 있을 것입니다.

그 외에도 여기저기에서 대혼란이 일어나게 될 것입니다.

철로 위에서는 기차와 기차가 충돌하는 사고가 발생하게 됩니다. 왜냐하면 철도의 운행은 정확한 시간표에 의해 진행되어지기 때문입니다.

먼 항로를 여행하고 돌아온 비행기는 착륙할 장소를 찾지 못해 공중에 뜬 채로 방황해야만 할 것입니다. 시간을 모르기 때문에 차례로 지킬 수 없었던 다른 비행기들이 이미 공항을 꽉 메우고 있을 테니까 말이지요.

학교에서는 선생님이 마음대로 수업을 진행하시기 때문에

어려운 산수 시간이 언제까지고 계속해서 이어지기도 할 것입니다.

지금 우리가 살고 있는 세상이 이렇듯 규칙적이고 평화로울 수 있는 것은 사람들 사이에 시간이라는 '약속'이 있기 때문입니다.

그런데 나라가 생기고 사회가 점점 더 복잡해져 가면서 사람들은 시간을 더 잘게 나누어야 할 필요성을 느끼게 되었습니다.

그리하여 지금까지 만든 시간 단위인 '년 · 월 · 주 · 일'가운데 가장 작은 단위인 '일'을 또다시 더 잘게 나누었습니다.

1일은 몇 시간이지요? 물론 24시간입니다. 그러나 1주가 꼭 7일이어야 할 과학적 이유가 없듯이 하루가 반드시 24시간이어야만 할 이유도 없습니다.

즉 하루는 20시간 혹은 40시간으로 나뉘어질 수도 있는 것입니다.

하루가 24시간으로 나누어진 이유는 지금껏 확실하게 밝혀지지 않았습니다.

다만 학자들은 비교적 문명이 발달해 있던 고대 바빌로니아라는 나라에서 12라는 숫자를 신성시했음을 밝혀내고 그 당시 낮과 밤을 각각 12로 나누어 하루가 24시간이 되었을 것이라고 추측하고 있습니다.

혹시 여러분 가운데에도 하루를 40시간으로 만들고 싶다는 생각을 하는 사람이 있을지도 모르겠습니다. 그러나 하루가 24시간이라는 것은 여러분이 태어나기 이전부터 인류가 정해 놓은 질서이고 약속이며 사람들은 이미 그 약속에 철저히 익숙해져 있다는 것을 기억하시기 바랍니다.

1시간이 다시 더 나뉜 것은 분동과 진자가 달린 시계가 발명된 이후의 일이지만 미리 잠깐 여기서 이야기 하자면 1시간은 60분으로, 또 1분은 60초로 나뉘게 되었습니다. 왜 하필이

1시간은 왜 하필
60분일까?
그것도 우리 바빌로니아
사람들이 60을 신비하게
여겼기 때문이지.

면 60이라는 수로 나뉘었을까요?

그것은 위의 12라는 수와 마찬가지로 고대 바빌로니아 사람들이 60이라는 수를 매우 신비하게 여겼기 때문이랍니다.

시계의 탄생

맛있는 음식을 만들면 담아 둘 그릇이 필요하지요? 이제 사람들에게는 시간을 담아 둘 그릇이 필요했습니다.

언제든지 시간을 확인할 수 있는 그릇과 같은 것을 말합니다. 그것이 바로 시계입니다.

시간을 잘게 나눈 과학적인 시계를 만들기 이전에는 아주 원시적인 방법으로 시간을 확인하였습니다.

그럼 어떤 것들이 시계 대신 사용되었을까요?

성경책 시계

지금으로부터 약 1000년 전 어느 작은 마을의 성당에 오거스틴이라는 신부가 있었습니다. 이 신부는 성당에서 종치는

댕
댕

일을 맡고 있었는데 그는 매일 밤 자정이 지나고 3시간쯤 후에 성당 지붕에 달려 있는 종을 치곤 했습니다.

오거스틴 신부가 종을 치면 그 종소리에 성당 안의 신부들은 모두 잠에서 깨어나 새벽 기도를 올리는 것입니다.

또 이 종소리는 부지런한 마을 사람들을 깨우는 역할도 하였습니다.

그런데 그 무렵에는 시계라는 물건이 없었습니다. 오거스틴 신부는 그렇다면 어떻게 매일 밤 시간을 잴 수 있었을까요?

오거스틴 신부에게 그것은 아주 간단한 문제였습니다. 그는 저녁마다 성경책을 읽었던 것입니다.

구약 성서 가운데 시편을 첫 장부터 읽기 시작하여 '신에게 드리는 아삽의 시' 라는 부분까지 읽고는 그는 달려 나가 종을 쳤습니다. 따라서 같은 시간에 종을 치게 되었습니다.

오거스틴 신부는 아주 규칙적이고 성실하게 그 임무를 수행하였습니다. 바로 성경책이 시계 역할을 해주었던 셈이지요.

그러던 어느 날 오거스틴 신부는 그만 실수를 하고 말았습니다. 그날은 성당에 즐거운 행사가 있어서 저녁 식사로 많은 음식을 먹었던 것입니다.

행사가 끝나자 오거스틴 신부는 다른 날과 마찬가지로 종각 가까이에 있는 자신의 방으로 돌아와 앉았습니다.

자정쯤 되었다고 생각되자 그는 촛불 가까이에 성경책을 펴고 시편을 읽어 내려가기 시작했습니다. 그런데 저녁을 많이 먹은 탓이었는지 오거스틴 신부는 그만 깜빡 잠이 들어 버리고 말았습니다.

그리고 오거스틴 신부가 잠에서 깨어났을 때는 해가 이미 하늘 높이 떠 있었습니다.

자, 신부들의 새벽 기도는 어떻게 되었을까요? 일찍 일어나서 베를 짜 팔아야 하는 염색집 주인과 아침까지 구두를 만들어 주기로 한 구둣방 사람들은 또 어땠을까요?

처음에 몇몇 마을 사람들은 한밤중에 해가 떠올랐다고 생

각했습니다. 기적이 일어난 것이지요. 그러나 곧 오거스틴 신부의 종소리보다는 태양을 믿는 편이 더 옳을 것이라는 생각을 했습니다. 태양은 지나치게 많이 먹는다거나 깜빡 잠이 드

는 일이 없기 때문이지요.

하늘에 떠 있는 시계

오랜 옛날부터 사람들은, 제일 믿을 수 있는 시계는 하늘에 떠 있는 해뿐이라고 생각해 왔습니다. 하루가 지금처럼 24시간으로 나뉘어지기 훨씬 이전부터, 사람들은 해를 보고 지금이 어느 때쯤인지를 알았던 것입니다.

지금도 그 오래 전의 습관이 남아 있습니다. 여러분이 학교에서 돌아와 집 밖으로 놀러 나갈 때면 어떤 어머니는 이렇게 말씀하십니다.

"해지기 전에 돌아오너라."

해가 시간을 알려 주는 것이지요.

요즘도 해를 보고 시간을 재는 사람들이 있습니다. 바로 시골에서 농사를 짓는 분들입니다. 농민들은 도시 사람들처럼 시간을 분 · 초까지 정확하게 알 필요가 없습니다. 해가 뜨면 들에 나가 해질 녘에 돌아오면 되니까 말이지요.

즉, 우리 조상들이 농사를 지으며 사는 동안에는 시간이 정확하게 구분될 필요가 없었습니다. 그러나 여기저기 도시가 생겨나고 물건을 사고팔게 되면서 사람들은 정확한 시계가 필요했습니다. 하늘에 떠 있는 태양의 움직임만을 보고 정확한 시간을 알아내기는 어려우니까요. 예를 들어, A라는 상인과 B라는 상인이 몇 월 몇 일 날 해가 동쪽에서 서쪽으로 1/3가량 떠올랐을 때 만나기로 했다고 상상해 봅시다.

그들은 정확한 시간에 만났을까요?

사람들은 어떻게 하면 시간을 보다 정확하고 자세하게 잴

수 있을까를 궁리했습니다. 그러던 어느 날 재미있는 사실을 발견했습니다. 마을에 세워진 어떤 기둥의 그림자가 아침에는 길게 자라다가 점점 짧아지고 저녁 무렵에는 다시 길어지는 것이었습니다.

사람들은 그 그림자를 발걸음 수로 재었습니다. 지금 우리가 우리 집에서 이웃집까지의 거리가 몇 미터라고 말하듯이, 그 당시에는 발걸음 수로 거리를 측정하여 몇 발자국 거리라고 말했습니다. 그래서 그 그림자의 길이가 다섯 발자국일 때에 만나기로 약속을 한다거나 열 발자국일 때에 일을 시작한다거나 하는 등 그림자의 길이를 보아 시간을 정했습니다. 즉 해시계의 바늘을 생각해 낸 것이었지요.

사람들은 시계로 사용하는 기둥을 '지시침(시간을 가리키는 바늘)' 이라고 불렀습니다.

그러나 이 지시침은 아주 불편한 시계였습니다. 맑은 날씨여서 해가 환한 모습을 드러낼 때에만 시간을 볼 수 있었으며, 먼 길을 떠날 때에는 그나마 사용할 수도 없었습니다. 시계란 외출할 때에 필요한 물건인데 말이지요.

그런데 이 문제점을 간단한 방법으로 해결한 사람이 있었습니다. 그는 인도 바라문 승려 가운데 한 사람이었습니다.

그 바라문 승려는 자신이 항상 들고 다니던 지팡이를 시계로 만들었습니다. 칼로 그 지팡이에 눈금을 새기고 손잡이 아랫부분에 가로로 바늘을 꽂았습니다.

그는 시간이 보고 싶을 때면 손잡이 꼭대기에 달린 실을 잡고 지팡이를 길게 아래로 늘어뜨렸습니다. 그렇게 하면 햇빛을 받은 바늘이 지팡이에 새겨진 눈금에 그 그림자를 드리웠습니다. 바로 그 눈금이 지시침의 발자국 수에 해당하였습니다.

이 영리한 바라문 승려는 해 그림자의 길이가 계절에 따라서도 변함을 눈치 채고는 지팡이를 여러 각으로 깎아 한 각마다 각 계절에 맞는 눈금을 새겨 두었습니다.

따라서 이 지팡이는 휴대용이면서 동시에 4계절 내내 사용할 수 있는 매우 유용한 시계였던 셈입니다.

숫자가 쓰여진 시계

바빌로니아의 도시 바빌론은 세계에서 가장 큰 도시 가운데 하나였습니다. 이 바빌론은 일찍부터 천문학과 상업 등이 매우 발달하여 그들의 문화를 그리스어와 같은 나라에 전해 주기도 하였습니다.

앞에서 말했듯이 바빌로니아 사람들이 바로 하루를 24시간으로 나눈 사람들입니다. 또 바빌로니아 사람들은 최초로 시계에 문자를 새겨 넣었으며 그것을 그리스 사람들에게 가르쳐 주었습니다. 문자판이 있는 그 시계는 그리스 사람들에 의해 다시 유럽인들에게 전해졌습니다.

이 최초의 문자판 시계는 Ⅰ·Ⅱ·Ⅲ과 같은 로마자가 12까지 지금처럼 오른쪽 방향으로 새겨져 있었습니다. 그런데 여기에는 시계에서 가장 중요하게 여겨지는 무언가가 빠져 있었습니다. 무엇일까요?

그렇지요. 바로 바늘입니다. 바늘이 없는 시계입니다. 전자시계도 아닌데 시계에 바늘이 없다니 이상하지요? 그 문자가 쓰여진 시계 중앙에는 삼각형 모양의 작은 철탑이 세워져 있었습니다. 이것도 일종의 해시계로서 햇빛을 받은 삼각형 철탑이 그림자를 만들어 시간을 가리켰습니다.

이 시계는 여러 가지 모양의 탑들 위에 만들어져서 광장이나 거리에 세워졌습니다. 이 해시계는 앞의 지시침이나 바라문 승려의 지팡이 시계보다는 훨씬 더 믿을 수 있는 정확한 시계였습니다. 하지만 오늘날 우리가 사용하고 있는 시계에는 도저히 미치지 못하는 것이었습니다. 밤이 되거나 비가 올 때는 물론 날이 흐려 해가 잘 비치지 않을 때에도 전혀 시간을 볼 수 없었습니다.

한마디로 해가 떠 있는 동안만 사용할 수 있는 '해시계' 였던 셈이지요.

시계의 여러 가지 형태

밤의 시계

도시가 점점 발달하고 인구도 늘어나자 사람들은 낮에만 일하는 것으로는 부족했습니다.

촛불을 밝히고 어두운 밤에도 일을 하거나 모임을 가졌습니다.

그러다 보니까 밤 동안의 시간도 알아야만 되었습니다.

그러나 그 당시 시계는 낮에만 시간을 알 수 있는 해시계 하나뿐이었으므로 밤에는 도무지 시간의 흐름을 알 수 없었습니다. 그러므로 이젠 밤에도 시계가 필요했던 것입니다.

낮에는 해가 시간을 알게 해 주었다면, 밤에는 물이 시간을

알게 해 주었습니다. 그렇다면 물로 어떻게 시간을 쟀을까요?

해가 비치는 동안 사람들은 사모바르라는 주전자에 물을 채워 보았습니다. 그리고 한 시간에 어느 정도 양의 물이 흘러나오는지를 따로 받아 계산해 두었습니다. 이윽고 해가 지고 어두워지면 사람들은 빈 사모바르 주전자에 낮에 받아 두었던 한 시간 분량의 물을 채웠습니다. 그러므로 물은 사모바르 주전자에서 정확히 한 시간 동안 흘러나오게 되고, 이렇게 해서 해가 비치지 않는 밤에도 시간의 흐름을 계산할 수 있게 된 것입니다.

그러나 사람들은 언제나 물의 흐름이 멈추지 않도록, 즉 시간이 끊기지 않도록 늘 신경써서 사모바르 통에 물을 부어 주어야만 했습니다.

이 물시계는 바빌론에서도 사용하였는데, 바빌로니아 사람들은 약간 다른 형태의 물시계를 만들어 냈습니다. 바빌로니아 사람들은 한 장소에, 밑바닥에 구멍이 하나 뚫려 있는 가늘

고 긴 물통을 세워 두고 거기에 물을 가득 담았습니다.

이 물시계에는 물을 관리하고 시간을 알리는 역할을 맡은 사람이 언제나 지키고 있어야만 합니다. 그 파수꾼은 해가 떠오르면 곧 물통에 물을 가득 채웠습니다. 물이 전부 흘러 버리면 파수꾼은 사람들에게 달려가 큰 소리로 그 사실을 알리고 나서 다시 물통에 물을 가득 채웠습니다. 그는 이 일을 낮과 밤을 가리지 않고 하루에 여섯 차례 반복하였고, 이로써 사람들은 6으로 나뉜 하루를 정리할 수 있었습니다.

중국에서도 이 물시계를 약 25년 전인 최근까지 사용하였습니다. 형태는 서양의 물시계와 많은 차이가 났으나 원리는 같은 것이었습니다.

중국의 물시계는 4단으로 된 돌계단의 각 단마다 구리로 만든 커다랗고 튼튼한 솥을 차례차례 늘어놓은 것이었습니다.

솥들은 둥근 관으로 단마다 연결되어 있었습니다.

이 물솥시계에도 역시 파수꾼이 딸려 있었습니다. 그는 제일 위칸에 놓인 물통에 물을 가득 채웁니다. 물이 위의 물솥에서 아래 물솥으로 흘러들어가는 데에는 2시간이 걸립니다.

위의 물솥이 다 비면 그는 작은 게시판에 2시간이 흘렀음을 알렸습니다.

이 물솥시계는 6시간까지 자동적으로 작동하는 것입니다.

서양의 것보다 좀더 과학적이고 편리한 방법이지요. 그러나 날씨가 나쁠 때나 한밤중에도 시간을 꼬박꼬박 알려준다는 장점을 빼면, 이 물시계 역시 몹시 불편한 시계였습니다.

우유시계

우유시계? 아기가 우유 마실 시간을 알려 주는 시계일까요? 아닙니다. 이 시계는 고대 이집트에서 실제 시간을 재기 위해 생각해 낸, 우유를 이용한 시계였습니다. 이집트 사람들은 나일강 근처의 한 사원에 이 시계를 설치했습니다. 그 사원은 오리시스 신을 모시는 사원이었는데, 아마도 오리시스 신은 우유를 무척 좋아했나 봅니다.

그런데 놀라지 마세요. 사원 마당 한가운데에 360개의 통을 빙 둘러 세워 두었습니다. 그 통의 밑바닥에는 모두 작은 구멍이 뚫려 있었는데 각각의 통마다 승려가 한 사람씩 지키고 있었습니다. 그러니까 360명의 승려가 있었던 셈이지요.

날마다 한 사람의 승려가 자기가 맡은 통에 우유를 가득 채웁니다. 그러면 그 우유는 밑바닥에 난 작은 구멍을 통해 흘러나가 정확히 24시간 후엔 통이 비게 됩니다.

그 다음날에는 다음 통에 다른 승려가 다시 우유를 부어 넣습니다. 이런 식으로 1년 내내 우유 쏟아 붓는 일을 계속하는 것입니다.

왜 이집트의 왕은 하나만 있어도 충분했을 우유통을 360개나 만들고, 한 명만 있어도 되었을 승려를 360명이나 두었을까요?

그리고 또 왜 하필이면 우유를 사용했을까요? 지금의 우리들로서는 쉽게 이해할 수 없는 일입니다.

그러나 신을 모시는 신성한 일에 무엇이든 아낌없이 바치려 했던 이집트 사람들의 정성이리라 상상할 수 있습니다.

모래시계

옛 사람들은 모래를 가지고도 시계를 만들었습니다. 모래시계는 아직까지도 종종 사용이 되고 있는데, 이것은 지금의 시계처럼 건전지를 넣거나 태엽을 돌리지 않아도 되는 재미있는 시계입니다.

여러분은 아마도 '선물의 집' 과 같은 곳에서 장식용으로 팔고 있는 모래시계를 본 적이 있을 것입니다.

같은 모양의 유리병 두 개가 서로 주둥이를 마주 대고 세워져 있는데 그 유리병의 어느 한쪽에는 모래가 담겨져 있습니다. 모래가 담긴 쪽 병을 위로 가게 해 놓으면 윗유리병 속의 모래가 아랫유리병 속으로 흘러내려 갑니다. 이 모래의 운동이 바로 시계 바늘 역할을 하는 것이지요. 사람들은 이것을 짧은 시간을 재는 데 사용하였습니다.

모래시계는 주변의 생활 용품을 이용하여 비교적 간단한 방법으로 만들 수 있습니다. 그렇다면 옛 사람들의 상상력과 지혜를 되새기면서 모래시계를 만들어 볼까요.

우선 모양과 크기가 똑같은 유리병 두 개를 준비하세요. 단, 유리병의 뚜껑은 나사식으로 돌리는 것이어야 합니다. 유리병이 준비되었으면 이젠 가는 모래와 접착제·못·망치를

준비하세요. 이것들이 모래시계를 만드는 데 사용되는 모든 재료와 도구입니다. 유리병 뚜껑을 두 개 다 돌려 열어서 떼어 냅니다.

두 개의 병뚜껑 바깥 부분에 접착제를 발라 마주 붙입니다. 하나가 된 병뚜껑의 중앙에 못과 망치를 이용하여 구멍을 한 개 뚫습니다. 그런 다음 빈 유리병 하나에 뚜껑을 닫아 두고 나머지를 담습니다. 모래는 습기가 있어서는 안 됩니다. 체로 쳐서 골라 낸 고운 모래이면 더 좋습니다. 옛날 모래시계를 만들어 사용한 사람들은 모래를 특별한 방법으로 만들어야 한다고 생각했습니다. 그들은 대리석을 잘게 부수어 포도주에 넣고 여러 번 반복해서 끓인 뒤 그 가루를 건져 내어 햇빛에 오랜 시간 말려서 사용했습니다.

모래가 담긴 유리병을 아래쪽에 두고 뚜껑이 달린 빈 유리병을 위로 해서 뚜껑을 닫아, 두 유리병을 연결시킵니다. 그런 다음 병을 거꾸로 세웁니다. 자, 어떻게 될까요? 위 유리병에 담긴 모래가 가로놓인 뚜껑의 구멍을 통해 아래로 흘러내리지요? 모래의 양을 3분 동안 흘러내린 양으로 하느냐 5분, 또는 10분 동안 흘러내린 양으로 하느냐에 따라 시계의 용도는 달라집니다.

5분짜리 모래시계를 만들어 어머니에게 선물하면 어떨까요? 계란을 찌는데 사용하신다면 여러분은 알맞게 익은 계란을 먹게 되겠지요?

물시계

앞에서 밤의 시계로서 물시계를 소개하였는데 지금 이야기할 물시계는 앞의 것보다 좀 더 발달된 형태의 것입니다.

예전에 사용했던 사모바르 주전자나 광장에 세워 둔 큰 물통시계들은 한 시간 내지 네댓 시간 분량의 물밖에 넣지 못하였기 때문에 여간 번거로운 것이 아니었습니다.

그래서 사람들은 하루분의 물이 들어가는 통을 만들어 쓰기 시작했습니다. 그 통에 짧은 간격의 줄을 그어서 24개의 눈금을 새겼습니다.

이렇게 하면 통 안의 물 높이는 시간을 나타내게 되어 어느 때고 시간을 알고 싶은 사람은 단지 물 높이가 어느 정도인가를 살펴보기만 하면 되었습니다.

그렇지만 이 방법에도 잘못된 점이 있음을 깨달았습니다. 물이 통에서 항상 같은 속도로 흘러나오지 않기 때문입니다.

통에 물이 많이 들어 있을 때는 구멍 가까이에 있는 아래쪽 물이 압력을 바다 빠른 속도로 내려가지만 물이 조금밖에 통에 남아 있지 않을 때는 느린 속도로 내려갑니다.

이렇게 되면 물통 맨 위쪽의 첫 시간과 물통 맨 밑의 끝 시간과는 당연히 차이가 생기게 됩니다.

어디선가 들려오는 수탉의 이 울음소리에 반쯤 잠이 깨어서는 아직 새벽이 멀었음을 알아채고 다시 잠에 빠져듭니다.

이윽고 시간이 흘러 수탉이 몇 차례나 계속해서 힘차게 울어 대면 사람들은 이제 먼동이 틀 것임을 알게 됩니다.

그래서 부지런한 사람들은 잠자리에서 일어나 새로운 하루를 시작했습니다.

불시계

앞에서 말한 오거스틴 신부의 이야기에서 알 수 있듯이 사람들은 성당의 종소리로도 시간을 계산하곤 하였습니다.

그렇다면 성당에서 종을 치는 사람은 어떻게 시간을 알고 매일 같은 시간에 종을 칠 수 있었을까요? 가련한 어떤 종지기는 오거스틴 신부처럼 매일 성경책의 같은 부분만을 반복해서 읽었을 것입니다.

하지만 좀 더 영리한 신부나 종지기는 아주 색다른 방법으로 시간의 흐름을 알아맞혔습니다. 그것은 초나 램프를 사용하는 것이었습니다. 긴 초에 눈금을 그어 두고 불을 붙이면 초는 눈금을 잘라 먹으며 타들어 갑니다. 초가 한 자루 다 타고 나면 몇 시간이 지나간 것을 알 수 있습니다. 그래서 초가 두 자루 째 타고 나면 그들은 밤 시간의 3분의 2 가량이 지나갔음을 알게 되었습니다.

또는 램프에 기름을 붓고 불꽃이 타오름에 따라 점점 양이 줄어가는 그 기름의 양으로도 시간을 계산했습니다.

그러나 램프나 초의 크기가 집집마다 달랐으므로 이 불시계는 모든 사람들에게 공통적인 시간을 알려 줄 수 없었습니다. 하지만 신부나 종지기에게는 성경책 시계보다는 훨씬 더

땡
땡
물 시계
3분의 2가 지났다.
기름의 양으로 ……

편리한 시계였습니다. 아침 일찍 빵을 구어야 하는 빵가게 주인이나 바느질 집 주인들은 그 성당의 종소리로 시간을 구분하면 되었습니다.

물론 부유한 성당이나 영주들의 궁전에서는 물시계가 시간을 정확하게 알려 주고 있었습니다. 하지만 대부분의 성당과 일반 사람들에게는 이 불시계가 한동안 널리 사용되었습니다.

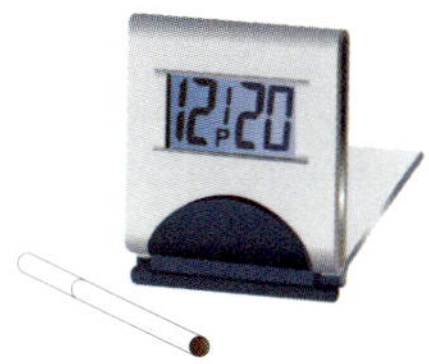

세계의 시계 이야기

로마의 클렙시드라와 마커스

옛날 로마의 어느 도시에서 마커스라는 사람이 재판을 받게 되었습니다. 그는 살인범이라는 누명을 쓰고 있었는데 그의 친구 줄리어스 외에는 아무도 그가 범인이 아니라는 것을 믿어 주지 않았습니다. 그 나라의 법률은 소송을 제기한 원고나 소송을 당한 피고, 그리고 재판관까지도 모두 똑같은 시간 동안만 말을 할 수 있도록 되어 있었습니다.

그 당시 시간을 재는 시계는 그리스 사람들이 클랩시드라라고 이름붙인 물시계였습니다. 그것은 바닥에 작은 구멍이 하나 뚫려 있는 병이었는데 물을 가득 채우면 구멍으로 물이

다 흘러나와서 병이 비게 되었습니다.

물이 흘러나오는 시간은 대략 15분 정도였는데 사람들은 이를 1클랩시드라라고 불렀습니다. 그러니까 1시간은 4클랩시드라인 셈입니다.

이 법원에서는 각자 2클랩시드라씩, 즉 30분 동안만 이야기를 할 수 있었습니다. 재판이 시작되자 마커스의 친구인 줄리어스는 마커스가 범인이 아니라는 증거를 가져오기 위해 법원을 나갔습니다. 그런데 줄리어스는 1시간 안에 돌아와야만 합니다.

왜냐하면 원고와 피고의 이야기가 끝나면 형이 집행 될 텐데 앞에서 말했듯이 그들은 30분 동안씩만 말을 할 수 있었으니까요. 먼저 원고가 이야기를 시작했습니다. 그는 마커스에게 불리한 말들을 이것저것 자세하게 2클랩시드라 동안 이야기했습니다.

이제 마커스 차례입니다. 그런데 살인죄를 뒤집어 쓴 가여운 마커스는 너무도 떨리고 무서워서 좀처럼 이야기를 꺼낼 수가 없었습니다. 클렙시드라의 물이 한방울 한방울씩 흘러나가는 것을 보자 두려움 때문에 더욱 혀가 굳어져 버렸습니다. 물이 한방울씩 떨어질 때마다 그만큼 목숨을 건질 가망성은 줄어드는 것이니까요. 이미 1클랩시드라가 다 되어 갑니다. 줄

리어스는 아직 돌아오지 않고 있습니다. 시간은 자꾸자꾸 흘러갑니다. 마커스는 겨우 자기는 범인이 아니라는 말 몇 마디만을 했을 뿐입니다.

그런데 갑자기 놀라운 일이 일어났습니다. 병이 바뀌어 2클랩시드라째가 흐르고 있는데 물이 떨어지는 속도가 점점 느려지기 시작한 것이었습니다. 두려움 때문에 클랩시드라만을 쳐다보고 있던 마커스는 제일 먼저 그 사실을 눈치 챘습니다.

그는 희망을 되찾았습니다. 시간을 벌어야 하는 것입니다. 줄리어스가 돌아올 때까지 말이지요.

마커스는 선량한 가족들과 친척들에 관한 이야기를 했습니다. 말썽을 잘 부리지 않았던 자신의 어린 시절 이야기도 하였습니다.

이미 시간은 4클랩시드라 정도가 지났지만 법원의 물시계는 겨우 2클랩시드라였습니다. 드디어 원고가 이상한 낌새를 채고는 소리를 질렀습니다. 그러나 원고의 목소리는 줄리어스가 법원 문을 열고 뛰어 들어오는 소리에 묻히고 말았습니다.

드디어 마커스는 죽음을 면하게 된 것입니다. 지금처럼 모두가 정확하게 시간을 알 수 있는 시계가 있었다면 원고는 30분 정각에 목숨을 잃었겠지요? 그렇다면 그 구멍을 막은 사람은 과연 누구였을까요? 여러분의 상상에 맡기겠어요. 혹시 마커스를 불쌍하게 여긴 재판관이 아니었을까요?

중국의 불눈금 시계 · 요술 시계

중국의 몇몇 곳에서는 지금까지도 불눈금 시계를 사용하고 있다고 합니다.

불눈금 시계는 아주 장식적이고 정교하게 만들어져 있습니다. 용의 모양을 한 긴 그릇의 가운데에는 톱밥과 송진을 재료로 해서 만들어진 가느다란 막대기 향이 놓입니다. 그 위에 마치 서양 사람들이 깔대기형 물시계에 눈금을 그었듯이 양쪽에 구리 구슬이 달린 실을 여러 개 일정한 간격으로 가로놓습니다.

향에 불을 붙이면 향이 서서히 타들어 가면서 구리 구슬이 달린 실 아래를 통과하게 되고 그러면 실이 끊어지면서 용 모양의 그릇 밑에 놓인 청동 받침대 위로 구리 구슬이 떨어지게 됩니다. 이때 '딸그랑' 하는 구슬 떨어지는 소리가 바로 시간의 흐름을 알려 주는 것이었지요. 이 불눈금 시계가 주로 실내에서 사용되는 것이었다면 불밧줄 시계는 주로 바깥에서 사용되었습니다. 기름을 먹인 긴 밧줄에 똑같은 간격으로 매듭을 여러 개 만들어서 돌 기둥 같은 곳에 걸어 둡니다. 한 매듭이 타들어 가는 시간이 10분이라면 매듭이 여섯 개 묶인 밧줄은 1시간짜리 시계인 셈입니다.

이 밧줄 시계는 보초병들에게 이용되었는데 예를 들어 보

초를 서고 있는 병사는 매듭이 10개 타고 나면 교대를 하곤 하였던 것입니다.

중국의 시계 이야기는 이외에도 여러 가지가 더 있습니다. 그것은 주로 서양의 선교사들이 중국에 가지고 들어온 시계에 얽힌 이야기들입니다.

당시 로마에는 선교사로서 꽤 이름이 알려진 마테오리치라는 신부가 있었습니다. 리치 신부는, 서양에는 이미 많은 신부들이 있으므로 자기는 아직 자신들의 종교가 전파되지 않은

미지의 땅에 가서 그들에게 하느님의 가르침을 전해야겠다고 생각했습니다.

그래서 그는 몇몇 동료 신부들과 긴 여행 끝에 중국에 도착했습니다. 그때 리치 신부 일행의 짐 속에는 정체를 알 수 없는 거대한 나라의 황제에게 바칠 선물들이 담겨 있었는데, 그 중에는 이탈리아에서 최근에 만들어진 아름다운 두 개의 시계도 있었습니다. 리치 신부 일행은 중국에 도착하자마자 교회를 세우고 주민들을 전도하였습니다. 그리고 새로운 서양 과학 기물들도 보여 주었습니다. 그 중에는 지도도 있었습니다. 그러나 그때까지도 하늘은 둥글고 땅은 편평하고 네모졌으며 중국은 그 땅의 중앙에 자리 잡고 있다고 믿고 있던 중국 사람들은 중국이 세계에서 가장 크고 가장 위대한 나라가 아니라는 사실을 인정하려 하지 않았습니다.

그들은 눈이 파랗고 머리의 색깔도 검은색이 아닌 이상하게 생긴 서양 신부들에 대해 두려움을 갖게 되었습니다. 서양 신부들이 자신들을 혼란에 빠뜨리고 있다고 여겼습니다. 그래서 중국 사람들은 신부들이 지내고 있는 집에 돌을 던지고 집을 부숴 버렸습니다.

또 그들은 신부들이 가지고 있는 십자가에 사람이 못 박힌 형상의 물건이 요술을 부린다고 믿었습니다. 주민들의 말을

들은 중국 관리들은 서양 신부들의 물건을 모조리 빼앗고 그들을 감옥에 가두었습니다.

그리하여 리치 신부 일행은 거의 여섯 달 동안이나 감옥에 갇혀 있게 되었습니다. 달리 희망이 보이지 않았습니다. 그들은 조용히 죽음을 기다리고 있었습니다. 그런데 어느 날 갑자기 감옥 문이 열렸습니다. 그리고 풀려났습니다. 어떻게 된 일이었을까요?

그것은 바로 시계 때문이었습니다. 리치 신부 일행이 가지고 들어온 시계 말입니다. 중국의 황제가 리치 일행이 가져온 이탈리아제 최신 자명종 시계들을 보게 되었던 것입니다. 하나는 추로 움직이는 대형 시계였고, 다른 하나는 스프링으로 움직이는 작은 시계였는데 그것들은 매시간 종을 울렸습니다.

이 정교하고 아름다운 종을 울리는 요술 시계는 중국 사람들이 상상도 못했던 것이었습니다. 황제는 처음 보는 이 시계를 매우 귀하게 여겼으며 이것을 가지고 온 서양 신부들에 대해서도 친절하게 대접해 주었습니다. 리치 신부 일행은 그 두 개의 자명종 시계 덕분에 목숨을 건지고, 보다 활발하게 선교 활동을 할 수 있었던 것입니다.

프랑스의 황금 시계

요즘도 시계를 서로 선물로 주고 받지만 그 선물의 뜻은 먼 옛날과는 의미가 상당히 다릅니다. 그 당시 시계는 몹시 귀한 것이었습니다. 그래서 프랑스의 국왕인 곤대보 왕은 비교적 시계 제작 기술이 발달해 있던 이탈리아의 국왕에게 시계를 하나 선물받고 싶다는 편지를 써 보낼 정도였습니다.

이탈리아의 왕 테오도릭은 자신의 신하 중에 현명하고 학

문이 뛰어난 학자이면서 동시에 기술자이기도 한 보에티우스에게 명령하여 곤데보 왕에게 보낼 시계를 만들도록 하였습니다.

보에티우스가 만들어 곤데보 왕에게 보낸 이 시계는 시간뿐만 아니라 별의 움직임까지 알려 주는 매우아름다운 시계였습니다. 이 근사한 시계는 한동안 프랑스에서 귀하게 취급되었습니다. 뒤에 황금 시계가 나타나기 전까지 말입니다.

황금 시계는 페르시아의 왕이 프랑스의 국왕 샤를마뉴에게 보낸 물시계였습니다. 이 시계는 각 시간마다 그 시간의 숫자

만큼 구슬이 시계 아래쪽의 받침대에 떨어져 맑은 소리를 내도록 만들어졌습니다. 또 시계 한쪽 면에는 12개의 문이 만들어져 있어서 한 시간마다 한 개의 문이 열렸고, 정오에는 12개의 문이 전부 열리면서 말을 탄 조그만 기사 인형들이 나오는 것이었습니다. 이렇게 정교하고 다양한 특징들이 있는 시계는 그때까지 프랑스에서 한 번도 본 적이 없는 것이었습니다. 샤를마뉴 국왕의 기쁨이 어떠했을지 상상이 가지요?

영국의 빅 벤과 보초병

여러분의 방에 걸려 있거나 손목에 차고 있는 시계는 한 번도 고장난 적이 없습니까? 어머 한 번쯤은 고장이 나는 심술을 부렸을 테지요.

발달된 과학 기술로 만들어진 요즘의 시계도 가끔씩 그런 일을 보이는데, 옛날의 시계는 어떠했을까요?

영국의 궁왕 에드워드 1세의 명령으로 웨스트 민스터 사원의 탑에 설치된 커다란 시계 '빅 벤'은 지금까지 영국의 상징처럼 사용되고 있습니다. 원래 빅 톰이라고 불렸던 이 영국 최초의 시계는 360개나 되는 계단의 꼭 대기에 있는데, 그때부터 지금까지 약 400년 동안 하루도 멈추지 않고 사람들에게 시간을 알려 주었습니다. 그런데 오래도록 성실하게 일해 온 이 시계 할아버지도 가끔은 실수를 하는 모양입니다.

런던의 궁정 앞에서 보초병이 보초를 서던 시절이었습니다. 빅 벤은 보초병의 친구나 마찬가지였습니다. 왜냐하면 보초병들은 빅 벤의 종소리 시간을 계산하고 교대 시간을 알게 되니까 말이지요.

그날 밤은 몹시 춥고 안개마저 자욱이 끼어 빅 벤의 모습조차 자세히 보이지 않았습니다.

어둠 속에서 시간이 지루하게 흘러갔습니다. 그때 웨스트민스터 사원에서 종소리가 들려왔습니다. 빅 벤의 자정을 알리는 소리입니다. 보초병은 종소리가 울릴 때마다 길고 긴 근무 시간도 이제 다 끝나가는구나 하고 생각하면서 총의 개머리판으로 땅 위에 종소리 수만큼을 그려 놓았습니다. 그런데 빅 벤이 웬일인지 열두 번 울려야 할 자정 종을 열세 번이나 울렸습니다. 보초병은 자기도 모르게 13이라는 수를 땅바닥에 써 놓았습니다.

다음날 날이 밝자마자 이 보초병은 갑자기 체포되었습니다. 밤 사이 궁전에 도둑이 들어서 여왕의 목걸이를 훔쳐갔기 때문입니다. 대신들은 도둑이 궁전에 몰래 숨어들어온 것은

13번?...

13번!
맞습니다.

밤중에 보초병이 졸았기 때문이라고 주장했습니다. 이 불쌍한 보초병은 어떻게 해서든지 자신이 어젯밤에 졸지 않았다는 사실을 증명해야만 했습니다. 그렇지 않으면 그는 어떤 벌을 받을지 몰랐습니다.

그러나 도무지 증명할 길이 없었습니다. 어제는 안개가 너무나 짙게 끼어서 아무도 그가 보초를 서고 있는 모습을 보지 못했던 것입니다. 한참만에야 보초병은 빅 벤의 종소리를 기억해 냈습니다. 그는 자신이 졸지 않았다는 증거로 어젯밤 자정에 빅 벤이 열세 번 울렸음을 이야기했습니다. 곧 웨스트 민스터 사원의 종탑 안에 살고 있는 시계 파수꾼이 불려왔습니다. 이 사람은 보초병의 말이 사실임을 증명해 주었습니다. 이렇게 하여 보초병은 무사히 풀려났습니다. 빅 벤의 실수가 보초병의 목숨을 구했던 것이지요.

시계의 발달

완벽한 물시계

앞에서 깔때기 모양의 물시계를 이야기했었습니다. 그것은 그냥 원통형 물통보다는 훨씬 더 정교하고 훌륭한 것이지만 그렇다고 완벽한 것은 아니었습니다. 그 당시 이집트 사람이나 그리스, 로마 사람들은 지금과 마찬가지로 하루를 24시간으로 나누었습니다. 그러나 현재 우리가 사용하고 있는 24시간의 시계 형태와는 조금 차이가 있었습니다.

그들은 하루를 낮과 밤으로 구별하고 낮은 해가 뜰 때부터 해가 질 때까지, 밤은 해가 지고 나서부터 다시 해가 뜰 때까지라고 정했습니다. 그 낮과 밤을 다시 12로 나누어서 낮 12시간, 밤 12시간을 만들었습니다. 그런데 낮과 밤의 길이는 언제

밤 12시간
낮 12시간으로...
여름엔 밤이 짧고
겨울엔 낮이 짧다.

겨울에
물통에 넣음

나 똑같지는 않습니다. 즉 여름에는 낮이 길고 밤의 길이가 짧은 데 반해 겨울에는 낮이 짧고 밤이 길기 때문입니다.

이집트 어느 지방의 한여름은 낮이 14시간이나 되고 밤은 10시간밖에 되지 않았습니다. 또 어느 지방의 겨울 낮 한 시간은 40분 정도 밖에 안 되는데 밤 한 시간은 1시간 20분 정도나 되는 것이었습니다.

그러므로 여름에 만든 물시계는 겨울이 되면 맞지 않았고 겨울에 만든 물시계는 여름이 되면 맞지 않았습니다. 그들은 이것을 어떻게든 조절해야만 했습니다. 즉, 겨울에는 여름보다 물통 안에 들어 있는 물이 빨리 비도록 해야만 했고 여름에는 겨울보다 물통 안의 물이 늦게 비도록 해야만 했습니다.

다시 말해서 여름에는 두 통의 물이 필요하다면 겨울에는 한 통의 물만 있으면 충분했습니다. 이 문제는 쉽게 해결되지 않았습니다. 여름이든 겨울이든 간에 물은 물통의 제일 윗선까지 넣어야 하기 때문입니다.

자, 어떻게 해야 할까요? 계절별로 각기 다르게 만들어야만 할까요? 사람들이 궁리해 낸 것은 다음과 같습니다. 우선 깔대기형 물통과 똑같은 모양의 원뿔을 만들었습니다. 이 원뿔의 크기는 깔대기 물통보다 작았는데, 겨울에 물의 양이 작아도 될 때는 이 원뿔을 물통 한가운데 넣었습니다. 그러면 물통

안의 공간이 줄어들어 물은 통의 맨 위 눈금까지 차 있게 되는 것입니다.

물론 여름에는 원뿔을 빼고 물을 가득 채웠습니다. 이런 모양의 물시계는 옛날 것보다 훨씬 복잡했지만 그러나 보다 정확하게 시간을 알 수 있게 해주었습니다.

자동 물시계

지금으로부터 약 2000년 전의 이집트 도시 알렉산드리아는 번창하는 상업 도시였습니다. 흔한 일상 용품에서 진귀한 물건에 이르기까지 없는 것이 없는 그런 곳이었습니다.

세계 최초로 시계 제작소가 생긴 도시도 바로 알렉산드리아였습니다. 예전에는 학식 높은 학자나 발명가들이 만들던 시계를 이제는 '직인' 이라고 불리는 시계 제삭소의 우두머리가 만들었던 것입니다. 이 직인들이 만들어 내는 시계는 자동식 물시계였으므로 사람들은 그들을 '자동식 클렙시드라 제조인' 이라는 긴 이름으로 불렀습니다.

이 자동식 시계, 즉 '혼자서 움직이는' 물시계는 어떻게 만들어지게 되었을까요? 지금껏 살펴본 물시계들은 언제나 사람이 지켜 서 있어야 하는 까다로운 것이었는데 말입니다.

자동식 물시계를 최초로 만들어 낸 사람은 알렉산드리아에 시계 제작소들이 생기기 200년 전쯤 이 도시에 살고 있던 크테시비우스였습니다.

크테시비우스의 아버지는 작은 마을의 이발사였는데 크테시비우스는 아버지처럼 머리를 자르거나 수염을 깎는 대신에 기계에 관한 공부를 하고 싶어 했습니다.

그는 오랜 세월을 기계를 다루며 보냈습니다. 특히 크테시비우스는 물로 움직이는 기계에 관심이 많았습니다. 그는 폭포가 돌리는 물레방아나 바람이 돌리는 풍차에 대해서 연구했습니다. 그러다 어느 날 그는 스스로 움직이는 물시계를 생각해 내게 되었습니다. 크테시비우스가 생각해 낸 시계는 지금의 시계보다 훨씬 교묘한 것이었습니다. 앞에서 말했듯이 그 무렵에는 매일 시간의 길이가 달랐기 때문이지요.

그는 잠시도 쉬지 않고 연구한 끝에 마침내 여름이든 겨울이든 계절에 관계없이 시간을 정확하게 알려 줄 수 있는 시계를 만들어 냈습니다.

그는 원기둥에 로마 숫자와 아라비아 숫자 두 종류로 시간을 새겨 넣었던 것입니다. 두 종류의 숫자가 새겨진 시계! 로마 숫자는 밤 시간을 가리키고 아라비아 숫자는 낮 시간을 가리켰습니다.

그 숫자가 새겨진 원기둥의 좌우에는 각각 한 명의 천사가 서 있었습니다. 오른편의 천사는 왼손에 화살을 들고 있는데 이것이 바로 시계 바늘인 셈입니다. 원기둥의 왼편에 서 있는 아기 천사는 울고 있는 모양을 하고 있는데 그 천사의 눈에서는 계속해서 물방울이 떨어집니다. 이 눈물이 천사의 발 밑에 놓인 톱니바퀴를 돌리면 그 힘으로 오른편의 아기 천사가 위

계절에 관계없는
2시간용 자동 물시계

로 올라갑니다.

이 천사가 원기둥의 바닥에서 맨 꼭대기까지 올라가는 데는 꼭 24시간이 걸렸습니다. 그러면 어떻게 왼편의 아기 천사는 계속해서 눈물을 흘릴 수 있었을까요? 그것은 아기 천사의 눈에 물관을 연결해 둔 까닭입니다. 정말 재미있는 생각이지요? 이 시계의 모사품은 지금도 독일 뮌헨의 박물관에 소장되어 있습니다.

탑시계

지금도 시골에 가면 도르래 두레박으로 물을 퍼 올리는 우물이 남아 있습니다. 밧줄의 한쪽 끝에는 두레박이 매달려 있습니다. 손잡이로 도르래를 감으면 물이 담겨진 두레박이 올라오게 되지요.

그리고 도르래의 손잡이를 놓으면 두레박에 매달린 밧줄은 쏜살같이 풀려 우물 속으로 떨어집니다.

분동이 달린 바퀴 시계도 이와 같은 원리입니다. 물론 쏜살같이 풀리지 않도록 막아 주는 제동 장치가 달려있지만 말입니다. 이런 원리를 이용한 최초의 기계 시계는 커다란 탑시계

였습니다. 1354년에 슈트라스부르크라는 성당에 이 탑시계가 설치된 이후 1360년에는 뉘른베르크에, 1365년에는 아우크스부르크에도 설치되었습니다. 두레박을 매달 듯 밧줄에 분동이라는 무거운 덩어리를 달아서 분동이 아래로 떨어지는 힘으로 도르래에 감긴 밧줄이 풀리도록 하였습니다. 이 분동이 달린 밧줄이 풀리면서 도르래는 시계 바늘과 연결된 톱니바퀴를 돌립니다. 이때 도르래가 일정한 시간 간격으로 돌아가도록 해주는 제동 장치가 필요합니다. 최초의 기계 시계들은 오늘날의 시계와는 비교할 수도 없을 만큼 정확하지 못했습니다. 바늘도 시침하나밖에 없었으니까요. 게다가 하루에도 몇 차례씩 고장이 나곤 하였습니다.

그 예가 아직도 파리의 궁전에 가면 볼 수 있는 탑시계의 이야기 속에 담겨 있습니다. 프랑스의 왕 샤를 5세는 헨리 드 부라는 독일의 유명한 시계 제조공에게 파리의 궁전 안에 있는 탑에 시계를 설치하도록 명령하였습니다.

이 독일 기술자는 탑시계를 만들기 위해 무려 8년 동안이나 일을 하였습니다. 시계가 완성된 다음에도 그는 자신의 고향으로 돌아갈 수가 없었습니다. 시계를 돌보아야 했기 때문이지요. 그는 매일 시계탑 안에 있는 방에 머물면서 시계가 멈추지 않도록 지키는 일을 하였습니다.

회중 시계

프랑스의 왕 루이 11세의 명령에 의해 운반용 시계가 만들어지기 이전까지 탑시계는 세계 여러 곳에서 굉장히 인기였습니다. 여기저기 시계탑이 섰는데 그 크기는 엄청난 것이었습니다.

앞에서 이야기 한 바 있는 영국 국회 의사당의 탑시계 빅 벤은 시계판의 크기가 6미터가 넘습니다. 짧은 바늘의 길이만 해도 4미터가 넘으며 각 숫자의 크기는 약 60센티미터 정도입니다. 또한 시계를 움직이는 분동의 무게만 해도 보통 어른 세 사람분의 무게와 같습니다. 빅 벤이 얼마나 큰지 짐작이 가지요?

이 어마어마한 크기의 탑시계는 국회 의사당 근처라면 어디에서나 시간을 알아볼 수 있었습니다. 그러나 먼 여행을 떠날 때는 탑시계가 무슨 소용이 있을까요. 프랑스 왕 루이 11세는 여행을 자주하였는데 그때마다 시계탑의 시계를 좀 작게 해서 가지고 다닐 수 있다면 얼마나 좋을까 하고 생각했습니다. 그리하여 그는 프랑스에서 이름 높은 시계 제조자들에게 운반이 가능한 시계를 만들도록 명령하였습니다. 그것은 빅 벤이 만들어지고 나서 200년이나 지난 후의 일이었습니다.

이렇게 해서 만들어진 운반용 시계는 그러나 지금 우리가 생각하는 휴대용 시계처럼 손목에 차거나 주머니에 넣고 다닐 수 있는 조그마한 크기가 아니었습니다.

루이 11세가 여행할 때마다 이 시계는 상자에 넣어져서 짐마차 위에 실렸습니다. 여기에는 말을 탄 마부가 따라다니며 시계를 돌보았습니다.

이 운반용 시계의 발명으로 인해 더 크기가 작아진 회중 시계가 등장하게 되었습니다. 그것은 1500년 무렵으로 독일 뉘른베르크의 시계 제조자 피터 헤라인에 의해서였습니다. 피터 헤라인은 어린 시절부터 생각이 깊고 영리하여 주변 사람들을 놀라게 하곤 하였습니다.

그는 자라서 시계 제조자가 된 뒤에도 어떻게 하면 저 커다랗고 불편한 시계를 작고 정확하고 또 아름답게 만들 수 있을까를 연구했습니다. 그 문제는 쉽게 해결되지 않았습니다. 분

동을 대신 할 동력을 찾아내야만 했으니까 말이지요.

그러던 그는 어느 날 분동 대신 용수철을 사용하면 어떨까 하고 생각하였습니다. 용수철의 중요한 특징은 아주 억세다는 점입니다. 그것은 아무리 단단하게 감아도 항상 스스로 풀어지려고 하는 것입니다. 피터 헤라인은 용수철의 그 풀어지려는 성질을 시계에 이용하였습니다. 이 원리는 탑시계들과 같이 도르래의 움직임을 응용한 것이었는데, 다만 시계 바늘을 움직이는 것이 분동이 아니라 용수철이라는 점이 달랐습니다. 자, 이제부터 약 400년 전에 만들어진 회중 시계 속으로 여행을 떠나 볼까요?

회중 시계 안에는 놋쇠로 만든 작고 평평한 상자가 하나 숨어 있습니다. 이것은 '동체'라고 불리며 두레박을 들어 올리는 도르래의 줄이 감기는 부분의 역할을 하는 것입니다. 이 동체 안에는 용수철이 단단히 죄여 있습니다. 앞에서 말했듯이 이 용수철은 탑시계의 분동 역할 즉, 동체를 움직이는 힘의 역할을 합니다.

이 용수철의 한쪽 끝은 움직이지 않게 판에 붙어 있으며 다른 한쪽 끝은 동체와 연결되어 있습니다. 우리가 회중 시계의 태엽을 감으면 동체가 돌아가면서 용수철을 감고 그와 더불어 용수철의 판에 붙지 않은 바깥쪽 끝이 원을 그리며 움직입니

다. 그런데 이 감긴 용수철을 그대로 방치해 두면 곧 풀어져 버려 바깥쪽 끝은 본래 자리로 되돌아가고 동체 역시 처음과 똑같은 상태로 되돌아가 버립니다.

피터 헤라인은 여기에 제동 장치로 균형 바퀴를 달았습니다. 이 균형 바퀴는 용수철이 풀리는 것을 늦추어 시계 바늘이 천천히 정확하게 돌아가도록 하는 역할을 했습니다. 시계 속은 온통 톱니바퀴와 톱니바퀴의 행진입니다. 이 회중 시계의 바늘은 하나이며, 지금과 같은 유리 뚜껑은 붙어 있지 않았습니다.

시계에 새겨진 숫자 위에는 볼록하게 튀어나온 돌기가 각자 하나씩 붙어 있었는데 이 돌기는 무엇에 사용되었을까요?

그것은 지금처럼 야광으로 숫자가 보이거나 거리마다 불빛이 환하지 못한 그 당시 어둠 속에서 손으로 만져보고 시간을 알아보기 위해서였습니다.

그 밖에도 이 조그만 돌기는 여러모로 쓸모가 있었습니다. 옛날에는 손님이 초대받는 집에 가서 시계를 꺼내보는 것이

대단히 실례되는 일이라고 생각했습니다. 손님이 자주 시계를 보면 집주인을 초조하게 하기 때문입니다.

그래서 손님은 언제쯤 일어날 것인가를 가늠하기 위해 시계가 들어 있는 조끼 주머니 속에 슬그머니 손을 집어넣어 시계 바늘과 그 옆에 붙어 있는 작은 돌기를 만져 보았던 것입니다.

처음에 회중 시계는 '뉘른베르크의 달걀' 이라고 불렸습니다. 그것은 회중 시계가 최초로 만들어진 곳이 뉘른베르크였고, 그 회중 시계의 생김새가 달걀과 비슷한 타원 형태였기 때문입니다.

그러나 사람들은 곧 갖가지 모양의 회중 시계를 만들기 시작했습니다. 여자들이 좋아할 별과 꽃, 나비, 하트 모양과 성직자를 위해서 십자가 모양의 회중 시계를 만들기도 하였습니다. 그 외에도 과일이나 책 모양의 시계를 만들었으며, 거기에는 아주 정교한 그림을 그려 넣거나 에나멜로 아름다운 무늬를 집어넣었습니다. 값비싼 보석을 박기도 하였습니다.

그러나 이렇게 아름답고 귀한 물건을 주머니 안에만 숨겨 둔다는 것은 매우 안타까운 일이었습니다. 그래서 사람들은 회중 시계를 밖으로 내보일 수 있는 방법을 생각해 보았습니다.

이제 사람들은 회중 시계를 목걸이에 연결시켜 목에 늘어뜨리거나 앞가슴에 달기 시작했습니다. 어떤 뽐내기 좋아하는 사람은 금시계와 은시계를 두 개씩이나 가슴에 늘어뜨리고 다니며 자기가 얼마나 부자인가를 자랑하곤 했습니다.

지금 어떤 사람이 팔목에 아무리 좋은 시계를 두 개씩 차고 있다 해도 우리는 그 사람을 굉장한 부자라고 부러워하진 않을 것입니다. 그렇지만 회중 시계가 만들어진 지 얼마 되지 않은 그 시기에는 회중 시계를 갖고 다닌다는 것은 대단한 지위의 사람이거나 부자들만이 가능한 것이었습니다.

귀족들 사이에 회중 시계의 인기가 높아감에 따라 점점 시계 제조 사업은 전문화되기 시작했습니다.

영국 왕 제임스 1세와 결혼한 덴마크 여왕이 가지고 있던 반지는 근사한 '뉘른베르크의 달걀' 이었습니다.

여왕의 반지에는 보석알 대신 시계가 박혀 있었는데 이 시계는 종소리를 울리는 대신 작은 망치가 시간을 쳐서 반지를 끼고 있는 여왕의 손가락에 시간을 전달했습니다.

또 어떤 귀족은 귀걸이처럼 귀에 달고 다니는 시계를 가지고 있었습니다.

그 당시 이 멋진 물건들은 모두 손으로 만들어졌습니다. 요즘의 시계 제조공은 기계가 만들어 내는 여러 가지 부품을 조

립하기만 하면 됩니다.

그러나 옛날의 시계 제조공들은 모든 것을 일일이 손으로 만들어야 했으므로 시계를 하나 완성하는 데는 오랜 시간이 걸렸습니다. 그러니 값도 비쌀 수밖에 없었지요. 그래서 왕은 나라에 공을 세운 신하에게 내리는 큰 상으로 시계를 주기도 하였답니다.

이 회중 시계에 얽힌 이야기 중에 오를레앙 공의 시계 이야기가 있습니다.

어느 날 오를레앙 공은 자신의 성에서 화려한 파티를 열었습니다. 그날 오를레앙 공은 자신이 가지고 있는 매우 훌륭한 회중 시계를 몸에 지니고 있었습니다.

오를레앙 공이 사람들 사이를 오가며 대화를 나누고 음식을 먹는 동안에 그 회중 시계는 오를레앙 공의 옷 위에서 아름답게 빛을 내고 있었습니다. 그런데 파티가 거의 끝나갈 무렵 오를레앙 공은 자신의 회중 시계가 없어진 것을 알게 되었습니다. 조금 전까지도 있던 시계가 말입니다.

그는 몹시 화가 나고 흥분이 되었지만 곧 걱정하지 않아도

됨을 깨달았습니다. 오를레앙 공이 안심하고 있는 이유를 알지 못하는 하인들은 다급하게 말했습니다.

“나으리, 빨리 출입문을 막고 한 사람씩 조사를 해야 합니다.”

그러자 공작은 여유 있는 목소리로 말했습니다.

“아니야. 그렇게까지 하지 않아도 돼. 소매치기 한 명을 잡기 위해 다른 손님들에게까지 실례를 해서야 되겠느냐. 그 시계는 1시간마다 시간을 치니까 조금만 있으면 시계 소리가 들릴 거야. 그러면 도둑은 저절로 밝혀지겠지.”

평소에 스스로 똑똑한 사람이라고 자부하고 있던 오를레앙 공은 웃으면서 시간이 흐르기를 기다렸습니다.

그러나 한 시간 두 시간이 지나도 시계의 종소리는 들려오지 않았습니다. 왜일까요? 날쌘 도둑은 이미 성벽을 넘어 도망가 버린 걸까요?

그것은 오를레앙 공이 가지고 있던 시계는 단추를 눌러 두었을 때만 종을 울리는 시계였기 때문입니다. 오를레앙 공은 그 사실을 그만 잊고 있었던 것입니다.

그러한 장치는 영국의 한 시계 제조공이 개발해 낸 것이었습니다. 그 당시 회중 시계는 반 시간마다 시간을 쳤기 때문에 간혹 불편한 경우가 있었습니다. 손님들과 이야기를 하는 중이거나 잠자리에 들었을 때는 그 소리 때문에 대화가 중단되고, 잠에서 깨게 되었습니다.

그래서 영국의 시계 제조공은 단추를 눌러 두었을 때만 시간마다 종소리가 들리도록 하여 그 단점을 해결하였습니다. 즉, 단추를 빼두면 정각이 되어도 종소리가 들리지 않는 것입니다.

아마 시계를 훔친 도둑은 그것까지도 미리 계산해 두었나 봅니다.

회중 시계에 얽힌 또 다른 이야기를 하나 할까요?

영국 왕 찰스 2세는 그 무렵에 발명된 '시간마다 종을 치는' 시계를 프랑스의 국왕 루이 14세에게 선물하였습니다. 그 당시 프랑스에는 '시간마다 종을 치는' 그러한 자명종 시계가 없었거든요.

그런데 영국 국왕은 선물로 보내는 그 시계의 뒤뚜껑에 자물쇠를 채워서 '시간마다 종을 치는' 시계 제조 비밀을 알아내지 못하도록 하였습니다. 프랑스 국왕 루이 14세는 이 신기한 시계의 비밀을 알기 위해 뚜껑을 열고 내부 장치를 살펴보려고 했습니다. 그러나 영국의 시계 제조공이 얼마나 단단히 채워 놓았던지 도무지 열리지가 않는 것이었습니다.

국왕은 자신이 쓰는 물건을 전문적으로 만들고 있는 시계

제조공 마르티니를 불렀습니다. 그러나 여러 가지로 궁리해 보았지만 마르티니도 결국 열지 못했습니다.

국왕은 마르티니에게 무슨 방법이 없겠느냐고 물었습니다. 그러나 프랑스에서는 마르티니보다 더 훌륭한 기술자는 없었습니다. 단 한 사람 쟝 도르시에 노인을 빼고는 말이지요.

그런데 이 쟝 도르시에 노인은 이미 나이가 아흔 살이 넘어서 눈도 잘 보이지 않고 기억력도 흐려 있었습니다.

그래서 카멜라이라는 수도원에서 남은 생을 보내고 있었습니다.

하지만 마르티니는 그 노인에게라도 매달려 볼 수밖에 없었습니다. 마르티니는 쟝 도르시에 노인을 수도원에서 불러왔습니다. 그리고 그 시계가 누구의 것인지에 대해서는 자세히 말하지 않고 그것을 열어 보도록 시켰습니다.

그런데 이게 웬일입니까? 도르시에 노인은 기운이 없어서 후들거리는 그 주름진 손으로 쉽게 시계의 뚜껑을 열어 보이는 것이었습니다. 그리고 마침내 시계의 비밀도 찾아냈습니다.

쟝 도르시에 노인이 얼마나 많은 상금을 받았을지 상상이 가나요?

시계의 발달 이야기

시계의 제조 기술이 발달하면서 아름답고 다양한 종류의 회중 시계가 등장하게 되자, 사람들은 시계탑의 모양도 보다 특이하고 아름답게 변해야 한다고 생각하게 되었습니다.

그래서 만들어진 것이 '쟈크마르 부부' 입니다. 빅 벤이 영국의 시계탑으로 유명하다면 쟈크마르 부부는 프랑스의 시계탑으로 세계에 널리 이름이 알려져 있습니다. 프랑스의 디종이라는 마을 광장에 있는 이 시계탑은 어깨가 넓고 키가 땅딸

막한 중년 남자와 소박한 차림새의아주머니가 큰 종을 사이에 두고 서 있는 모습입니다. 그들의 손에는 망치가 들려 있습니다. 사람들은 이 부부 시계를 만든 쟈크마르의 이름을 따서 '쟈크마르 부부' 라고 부릅니다. 청동으로 만들어진 이들 부부는 비가 오거나 눈이 내리는 추운 날에도 언제나 높은 시계탑의 꼭대기에서 쉬지 않고 망치로 시간을 알리는 종을 칩니다. 이 쟈크마르 부부 시계탑은 빅 벤이 만들어진 시기와 거의 비

슷한 시기에 만들어졌는데, 지금도 디종에 가면 이들 부부가 치는 종소리를 들을 수 있습니다.

이 쟈크마르 부부의 나이가 150살이 넘었을 무렵에 드디어 '진자'로 움직이는 시계가 등장하였습니다. 그전까지 쓰이던 분동으로 움직이는 시계는 크테시비우스가 만든 물시계보다는 훨씬 정확하고 번거로움도 적었지만 그러나 분동의 움직임이 일정하지 않아 고장이 잦았던 것입니다.

'진자'의 원리를 최초로 발견한 사람은 지구가 태양을 중심으로 돌고 있다고 주장했던 저 유명한 과학자 갈릴레오 갈릴

레이였습니다. 그는 아주 우연하게 그 원리를 발견하게 되었습니다. 그것은 갈릴레오가 열아홉 살 때의 일로, 교회에 갔던 갈릴레오는 천장에서 흔들거리는 커다란 램프를 보게 되었습니다.

그 램프는 긴 쇠사슬로 천장에 매달려 있었는데 누군가가 지나가다 건드렸는지 심하게 좌우로 흔들리고 있었습니다.

그런데 갈릴레오의 눈에 그 흔들림이 정확히 같은 시간 간격으로 되풀이되는 것처럼 보이는 것이었습니다. 한참 후 램프는 멈추었습니다.

집에 돌아온 갈릴레오는 자기가 교회에서 본 것을 실제로 시험해 보았습니다. 실은 같은 길이로 여러 가닥 자른 후, 각각 무게가 다른 진자를 여러 개 준비하였습니다. 그리하여 실마다 무게가 다른 진자를 하나씩을 각각 연결하여 흔들어 보았습니다. 그런데 이게 웬일입니까? 무게가 다 다른 진자인데도 불구하고 흔들리는 시간이 모두 똑같은 것이 아닙니까? 따라서 끈에 묶어 늘어뜨린 분동의 무게가 서로 다를지라도 끈의 길이만 같으면 흔들리는 시간은 똑같다는 사실이 증명된 셈이었습니다.

갈릴레오가 이 사실을 발견해 내기 이전까지는 무게가 무거운 것과 가벼운 것을 똑같은 높이에서 떨어뜨리면 무게가

더 무거운 것이 빨리 떨어진다고 믿고 있었으므로, 모두들 진자의 움직임도 무게에 따라 달라지는 것이라 알고 있었던 것입니다.

여러분도 한번 시험해 보세요. 무게가 서로 다른 구슬이나 돌멩이들을 길이가 꼭 같은 실에 묶어 놓고 흔들어 보고, 또 다음에는 같은 무게의 구슬이나 돌멩이를 길이가 다른 실에 묶어 놓고 흔들어 보세요.

몇백 년 전의 갈릴레오 갈릴레이가 했던 대로요.

갈릴레오가 발견해 낸 이 진자의 원리를 시계에 이용한 사람은 바로 크리스챤 호이겐스였습니다. 그로 인해 시계는 드디어 정확하게 시간을 알리는 도구가 되었습니다.

시계는 끊임없이 개량되었고, 시계를 갖게 된 사람들의 수도 점점 늘어났습니다. 그것은 계속해서 새롭고 보다 정확한 시계를 발명하고자 노력해 온 여러 학자나 발명가들 덕분이었습니다.

그러나 시계 제작공의 공로도 여기서 빼놓을 수 없습니다. 그 당시에는 모든 것을 손으로 만들어야 했으므로 시계 제작공들의 어려움은 이만저만이 아니었습니다.

그러면 도대체 어떻게 모든 것을 손으로 만들어 낼 수 있었을까요? 이제부터 시간을 거슬러 올라가서 200년 전의 시계 가게를 살펴보도록 하지요.

그 시대의 건물들은 모두 키가 낮았습니다. 지금처럼 삼십층 같은 고층 빌딩들은 어디에서도 찾아볼 수가 없지요. 대부분이 단층이거나 혹은 2층집입니다. 드문드문 3층짜리 집들도 눈에 띄는군요. 이렇게 집들은 옛날에 비해 지금이 훨씬 규모가 커졌지만, 시계는 반대로 점점 작아졌습니다.

단조롭고 비슷비슷한 집들 사이에 시계 제작소가 보입니다. 시계 제작소 건물의 창은 매우 크고 넓습니다. 그 창가 벽을 따라서 긴 탁자가 놓여 있군요. 탁자 앞 낡은 의자에 조용히 앉아서 일을 하고 있는 시계 제작공의 모습이 보입니다.

그들은 대부분 떠돌이 기술자들로 이곳 저곳 시계 제작소들을 옮겨 다니면서 더 색다른 기술을 배우기도 하고 가르치기도 합니다.

탁자 위에는 갖가지 줄과 금속판, 망치 등이 놓여 있습니다. 제조공들은 각자 자기 앞의 시계 부품들을 들여다보며 열심히 일을 합니다. 줄을 이용해 여러 가지 크기의 톱니바퀴들을 만들고 망치나 못을 이용해 그것들을 연결시킵니다.

어떤 제조공은 시계의 마무리 작업을 하고 있습니다. 아주 아름다운 시계입니다. 네 개의 기둥이 세워진 집 모양의 시계인데 기둥 밑에는 사자가 엎드려 있고 지붕 근처인 기둥 위에는 독수리의 머리와 날개에 사자의 몸통을 한 괴수 그리핀이 고개를 쳐들고 있습니다. 지붕 꼭대기에는 악기를 든 천사가 서 있군요. 이 모든 것들이 제조공의 손에 의해서 새겨지고 다듬어집니다.

아무리 둘러보아도 커다란 기계의 모습은 보이지 않습니다.

가겟문이 열리면서 잘 차려 입은 멋쟁이 귀족이 들어오는군요. 탁자 옆 푹신한 의자에 앉아서 완성된 시계를 살펴보고 있던 주인이 그 신분 높은 손님에게로 달려갑니다.

열려진 문 밖에는 귀족이 타고 온 마차가 보입니다. 판유리를 끼운 고급 사륜마차 옆에는 마부가 서 있습니다. 자신의 주인과 가게주인이 시계값을 흥정하고 있는 동안 마부는 가끔씩 시계를 꺼내보며 주인을 기다리고 있습니다. 귀족은 멋진 시계를 골라 사들고 사륜마차를 타고 돌아갑니다.

시계 제조공들은 주의 깊은 손동작으로 쉬지 않고 시계를 계속 만들어 냅니다.

현재의 시간으로 이제 돌아오도록 하지요. 지금은 어느 시계

제작소를 가나 여러 대의 기계들이 바삐 돌아가고 있습니다.

먼 옛날 시계 제작공들이 일일이 손으로 하던 것을 이제는 대부분 기계가 해내고 있는 것이지요. 제작 방법이 기계화되었다는 것을 제외하면 시계 제작의 원리는 그 당시 크리스챤 호이겐스가 만들어 낸 진자를 이용한 시계나 지금 여러분이 팔목에 차고 있는 작은 손목시계나 같은 원리에 의해 만들어진 것입니다.

현대의 시계 전문가들은 좀더 특이하고 아름다운 시계 디자인을 개발하기 위해 노력합니다.

시침과 분침이 가위 모양인 시계도 있습니다. 또 어떤 시계의 문자판에는 조그만 별들이 붙박혀 빛나고 있으며, 만화 주인공들의 모습도 담겨 있습니다.

또 어떤 시계는 집게 모양으로 만들어져 있습니다. 즉, 빨래집게같이 생긴 집게의 손잡이 아랫부분에 시계가 박혀 있는 것입니다. 이것은 어디에나 꽂고 다닐 수 있습니다. 최근에는 스티커 시계까지 개발되었습니다. 즉, 시계 뒷부분에 끈적끈적한 특수 테이프가 붙어 있어서 스티커처럼 아무데나 붙일 수 있는 시계입니다. 책가방이나 필통, 유리창, 공책, 연필, 책상 등 아무데나 붙이고 싶은 곳에 붙이고 시간을 보는 것이지요.

이제는 시계를 길거리 노점에서도 팔고 있습니다. 시계가 처음 만들어지던 시기의 사람들은 상상도 할 수 없었던 일이지요.

어쩌면 지금의 우리들 역시 상상하지 못하는 시계가 먼 훗날 나타나게 될지도 모르는 것입니다.

지금은 TV나 라디오에서도 시간을 알려 줍니다. 정해진 번호를 누르면 전화로도 시간을 알 수 있습니다.

라디오 방송국에서 시간을 알려 주는 일을 처음 시작한 나라는 프랑스입니다.

그 후 전 세계의 방송국들이 모두 이 방법을 흉내냈고, 이 라디오 신호는 산을 넘고 바다를 건너 어디에고 퍼져 나가 많은 사람들에게 정확한 시간을 알려 주고 있습니다. 그런데, 지구상의 모든 시계가 한꺼번에 고장나 버린다면 어떻게 될까요? 물론 그런 일은 쉽게 일어날 수 있는 일이 아니지만요. 사실, 시계가 아무리 정확하다고 해도 결코 고장나지 말라는 보

장은 없습니다.

그렇다면 우리는 괘종 시계도 회중 시계도 큰 시계탑도 없던 아득한 옛날부터 지금까지 인간에게 충실하게 봉사해 왔던 하늘의 시계에게 도움을 청할 수밖에 없습니다.

하늘의 움직임이야말로 결코 고장이 나지 않는 단 하나의 시계이기 때문입니다. 지구가 한 바퀴 도는 시간은 언제나 똑같습니다. 하늘을 가로질러 가는 것처럼 보이는 별들도 다시 본래 장소로 돌아오는 데 걸리는 시간은 항상 일정합니다. 따라서 우리는 별을 보고 시계를 고칠 수 있는 것입니다.

흘러간 먼 옛날과 마찬가지로 오늘날에도 흐트러짐 없는 고요한 별의 움직임은 결코 우리를 속이지 않습니다.

그것은 바로 영원한 시계인 셈입니다.

우리나라 시계의 역사

서양에서 시계가 발달한 이유

시계는 왜 서양에서 먼저 발달했을까요? 사실 중국의 요술 시계 이야기에 나오는 마테오 리치 신부의 자명종 시계는 중국의 '혼천 시계'에 비하면 그 역사가 너무나 보잘것없는 것입니다.

혼천 시계는 리치 신부 일행이 자명종 시계를 가져오기 무려 500년 전에 만들어진 시계였습니다.

그 시계가 만들어진 것은 중국 북송 시대에 거란 황제의 생일 축하 사신으로 갔던 '소송'에 의해서입니다.

앞에서 말한 바 있듯이 당시 중국은 네모지고 편평한 지구의 땅 한가운데 자신들의 나라가 거대하게 자리잡고 있고, 나

혼천시계
서양보다
100년 앞서
……

머지 나라들은 아주 조그만 크기로 모두 무식한 오랑캐들이라고 여기고 있었습니다. 중국인에게는 거란이라는 나라도 그 오랑캐 나라 가운데 하나였습니다. 며칠간의 여행 끝에 거란에 도착한 소송은 무척 당황했습니다. 예정했던 날보다 하루나 더 빨리 도착했던 것입니다.

오랑캐 거란의 역법이 중국의 역법보다 정확하고 우수하다는 사실을 인정하지 않을 수 없었습니다. 이것은 위대한 나라 중국으로서는 매우 부끄러운 일이었습니다. 중국으로 돌아온 소송은 곧 그 사실을 황제에게 아뢰었고, 크게 화가 난 황제는

해와 달의 움직임을 관찰하여 시간을 알려 주는 일을 맡았던 관리들을 벌 주었습니다.

또한 소송에게는 그 이전의 어느 것보다도 쓸모 있고 아름다운 시계를 설계하라는 어명을 내렸습니다. 소송은 십년이 넘는 긴 세월을 새로운 천문 시계 즉, 혼천 시계를 만드는데 전력을 기울였습니다. 그리하여 마침내 혼천 시계가 완성되었습니다.

그 시계는 5층으로 된 탑 모양의 구조물이었는데 그 높이는 9미터가 넘었습니다. 또한 1층에서 3층까지의 탑 중앙에는 거대한 시계가 장치되어 있었으며, 그것은 흐르는 물의 성질을 이용하여 시간을 재는 것이었습니다.

물레방아처럼 돌아가는 바퀴의 물받이에 물을 채웠다 비웠다 반복하면 시계가 작동하고, 15분 간격으로 탑이 움직이며 시간을 알려 주었습니다.

그 외에도 탑 층마다 수십 개의 인형들이 있어서 매 시간마다 탑 중앙에 있는 문에 나타나 시간을 알렸습니다. 동이 트기 전까지는 초록색 옷을 입은 인형이, 아침 해가 떠오를 무렵에는 붉은 옷을 입은 인형이 나타났는데, 그 인형들은 종소리나 징소리에 따라 움직였습니다.

이 혼천 시계에는 몇백 년 뒤에야 서양에 등장한 기계 시계들의 원리가 이미 사용되고 있었습니다.

그런데 왜 이런 훌륭한 시계의 역사를 가진 중국의 황제가 조그만 자명종 시계의 종소리에 눈이 휘둥그래지고 어린아이처럼 기뻐하였을까요?

그것은 리치 신부가 자명종 시계를 가지고 들어왔을 때에는, 혼천 시계의 흔적을 어디에서도 찾아볼 수가 없었기 때문입니다.

소송이 쓴 〈신의 상법요〉라는 책만이 전해지고 있는데, 다만 그 속에 혼천 시계에 관한 이야기가 적혀 있을 뿐이었습니다.

혼천 시계가 사라진 이유는 중국의 시계들이 언제나 한 황제만을 위해서 만들어졌기 때문입니다. 농사를 짓는 데 있어서 날씨의 변화는 매우 중요합니다.

그 당시 대부분 농사를 짓던 중국 사람들은 황제만큼이나 하늘도 두려워하였습니다. 그리고 하늘의 변화는 평범한 사람은 어느 누구도 점칠 수 없으며 오로지 하늘의 아들인 황제만이 그 변화를 알 수 있다고 믿었습니다.

실제로 황제는 언제 비가 올 것인지, 언제 가뭄이 오고 흉년이 될 것인지를 알아맞혔고 백성들을 그 하늘의 재앙에 대비시켰습니다.

황제는 어떻게 그런 것들을 알 수 있었을까요? 그것은 하늘을 관찰하면서 황제에게 그 변화를 알려 주는 천문 관측소의 신하들 덕분이었습니다. 그러나 일반 백성들은 그 사실을 알지 못했으며 안다고 해도 함부로 말을 할 수 없었습니다.

그렇기 때문에 만약 어떤 사람이 혼자 하늘을 관찰하여 달력을 만들거나 날씨를 점치는 행위를 했다면 그것은 곧 황제의 권위를 무너뜨리는 큰 죄에 해당하여 엄한 벌을 받았습니다. 다만 천문 관측소의 관리들만이 매번 황제를 위해 역법을 공부하고 기후의 변화를 관찰하였으며 관찰 기계들을 만들어 냈습니다.

그리고 왕이 바뀔 때마다 새로운 관측 기계들이 만들어져 새 황제에게 바쳐졌습니다. 황제들은 대부분 거기에 자신의 이름을 붙였으며, 가까운 신하들만이 그것을 볼 수 있게 하였습니다.

혼천 시계도 그런 관측 기계의 하나였던 것입니다. 시계가 완성된 지 4년 만에 소송을 거란에 사신으로 보냈던 황제가 죽었습니다.

그러자 천문 관측소의 신하들은 새로운 날짜 계산법과 기후 관측 기계를 새 황제에게 바쳤고, 그때부터 혼천 시계는 황실의 보호를 받지 못하게 되었습니다. 따라서 혼천 시계는 고철 더미가 되고 말았으며 오래지 않아 사람들의 기억 속에서조차도 사라지게 되었습니다.

그러므로 리치 신부 일행이 중국에 도착한 당시의 중국 황제나 신하들은 그 몇백 년 전 자기 조상들이 만든 시계에 대해서는 아무것도 아는 것이 없었던 것입니다.

이렇게 중국에서 시계가 궁중의 황제만을 중심으로 만들어지고, 사라지고 하는 동안 서양에서는 시계가 '모든 사람'을 위해서 만들어지고 '많은 사람' 가운데 세워졌습니다.

여러분 빅 벤이나 쟈크마르 부부가 어디에 서 있는지 기억해 보세요. 사원과 광장입니다. 신자들이 규칙적으로 모여서

기도를 드릴려면 일정한 시간이 정해져 있어야 하며 무언가 그 시간을 알려 줄 것이 필요했습니다. 그것이 바로 시계탑이었던 것입니다.

주로 사원에 설치된 시계탑의 시계 종소리는 정해진 시간마다 신자들을 불러 모았습니다. 그리고 광장에 세워진 시계탑은 사업이나 오락의 모임을 알리는 역할을 하였습니다.

그 시계들은 신분이 높은 사람과 낮은 사람 또는 가난한 사람이나 부자를 가리지 않고 모두에게 공평하게 시간을 알려 주었습니다.

또한 정확한 시간을 알아야 되는 사람에게는 물론 그다지 정확한 시간을 몰라도 되는 가정주부나 어린아이들에게도 시간에 대한 관심을 불러 일으켰습니다.

그래서 사람들은 그 시계를 좋아하게 되었으며 나중에는 개인적으로 자기 시계를 갖기 원했습니다. 이런 분위기가 점점 번지자 자연스럽게 시계 산업도 발달하게 되었던 것이랍니다.

우리나라의 시계

중국이 워낙 넓은 국토를 가지고 있었기 때문에 동양은 서양인들에게 중국으로만 대표되었습니다.

그러나 같은 동양권의 나라이면서도 일본은 그다지 시계 역사가 깊지 못하지만 재빨리 시계 문화를 발전시켜 나갔습니다. 300년 전 유럽 여러 나라의 시계들을 들여와 자기들 나름대로 그 시계를 본떠서 만들었던 것입니다. 그 100년 후 시계 제조 산업은 발전하기 시작하여 지금은 세계적으로 그 기술을 인정받고 있습니다.

그렇다면 우리나라에서는 언제 시계가 처음 만들어 졌을까요? 그것을 알기 위해서는 500년 전의 조선 시대로 거슬러 올라가야 합니다.

최초의 시계는 지금 여러분이 읽고 있는 이 한글을 만든 세종대왕 때 만들어졌습니다. 이제부터는 우리나라 최초의 시계가 만들어지기까지의 과정을 살펴보도록 하지요.

조선 시대 역시 농업을 중심으로 이루어진 사회였습니다. 세종대왕은 백성들이 편안한 생활을 하기 위해서는 농사가 잘 되어야 하며, 농사는 하늘의 일에 따라 결정이 되므로 하늘의 변화를 잘 알아야 한다고 생각했습니다.

그리하여 그는 하늘의 일을 알기 위해 천체의 운행과 현상을 관측하는 천문대를 새로 설치하기로 하였습니다.

역사상 전해 오는 천문대를 살펴보면 그것은 대부분 '역서'를 만드는 데 쓰여졌다고 합니다. 역서는 지금 말하는 일력이나 달력 같은 것을 말합니다.

우리나라에서도 세종대왕이 만들기 훨씬 이전인 신라 선덕여왕 때 이미 '첨성대'라는 이름의 천문대가 만들어졌습니다. 그것은 돌을 다듬어 쌓아 만든 것인데 지금 경주에 가면 그 모습을 볼 수가 있습니다. 이것은 현재 남아 있는 세계에서 가장 오래된 천문대입니다.

선덕여왕 이전에도 우리나라의 천문 관측은 상당히 발달해

있었습니다. 백제 무왕 시절, 관륵이라는 스님이 역서와 천문 지리서를 일본에 전해 주었다는 기록도 있습니다. 그는 일본인에게 역법을 가르쳤으며 후에는 일본의 대승정이라는 벼슬에까지 올랐습니다. 그러나 그 당시 관측 기구에 대해서는 아무것도 전해지는 바가 없습니다.

그런데 고대에는 천문 망원경이 없었으므로 모든 것을 눈으로만 관측해야 했습니다. 따라서 약간씩의 오차가 있었습니다.

그러나 농사를 잘 짓기 위해서는 정확한 역서가 필요했고, 역서가 정확하기 위해서는 우선 오차가 없어야만 합니다.

세종대왕이 새로운 천문대를 만들려고 한 이유도 여기에 있었습니다. 오차를 꾸준히 연구하고 계산하여 역서의 잘못된 점을 고치기 위해서지요.

선덕여왕 이후의 왕들은 주로 외국에서 가져온 역서들을 사용하였습니다.

문무왕 때는 덕복이라는 신하가 당나라에서 가져온 역서를 바탕으로 그 동안의 역서의 잘못된 부분을 고쳐 사용했으며, 효소왕 때는 도증이라는 승려가 당에서 가져온 천문도를 사용하였습니다.

고려 초기에는 역시 당나라에서 가져온 '선명력' 이라는 역서를 그대로 이어받아 사용하였습니다.

충렬왕 때는 원나라에서 '수시력'이라는 역서가 들어왔는데, 이것은 그때까지의 역서 가운데 가장 정밀한 것이었습니다. 이 수시력은 세종대왕 때까지 쓰이고 있었습니다. 그렇지만 그것 역시 실제로 사용하다 보면 오차가 많이 드러났습니다. 그 이유는 같은 동양권이라 해도 기후는 나라마다 조금씩 차이가 나기 때문이었지요.

대장장이 장돌이

세종대왕은 새로 만들어진 천문대를 '간의대'라고 이름하였습니다. 그리고 이 간의대를 만들 인재들을 전국에서 불러 모았습니다. 세종대왕은 인재를 구함에 있어서 신분의 차별을 두지 않았습니다. 그 중에는 천민 출신의 대장장이도 있었습니다.

그의 이름은 장돌이였는데, 그가 살던 마을의 무너진 성벽을 훌륭하게 고쳐 낸 공로가 인정받았던 것입니다. 동네 사람들이 한 달 동안 모두 힘을 합해도 못 쌓을 것이라던 성벽을 그는 적은 인원을 동원하여 치밀한 수학적 계산을 세운 후 단 3일 만에 쌓았던 것입니다.

그러나 천민 출신의 그가 임금님이 사시는 궁궐까지 들어가게 된 가장 큰 원인은 '수차' 때문이었습니다.

돌이가 열일곱 살 때쯤입니다. 조정에서는 백성들에게 수차라는 것을 만들어 쓰도록 하였습니다. 돌이가 살던 동래현에도 그 문서가 전달되었는데, 그것은 세밀한 설계도가 아니라 대강 수차의 모양과 크기, 치수 따위가 적혀 있을 뿐이었습니다. 그것을 돌이는 나름대로 연구하여 보다 사용이 편리한 수차를 만들어 냈습니다. 그 무렵의 수차는 물레방아 모양으로 사람이 직접 그 위에 올라가 발로 돌리는 것이었습니다.

그런데 돌이가 만들어 낸 수차는 수차의 바퀴에 작은 바퀴를 달아서 그 작은 바퀴를 밟으면 수차가 돌아가도록 되어 있습니다. 즉 앞의 발달된 시계 이야기에서 나온 톱니바퀴의 원리가 이용된 셈입니다. 작은 바퀴가 돌아가는 힘이 큰 바퀴에 전달되므로, 어린아이라도 쉽게 수차를 돌릴 수 있게 되었습니다. 이 이야기를 동래현의 현감이 조정으로 적어 보냈던 것입니다. 그래서 장돌이는 한양의 궁궐로 들어가게 되었습니다. 장돌이가 입궐하기 전 동래현의 현감은 그의 이름을 바꿔

주었습니다. 그 이름은 바로 우리나라 천문 과학 발전에 큰 몫을 하여 지금껏 역사에 기록돼 있는 장영실입니다.

장영실과 시계

그가 조정으로 불려 가 일하게 된 곳은 간의대를 만드는 곳이었습니다.

처음 장영실은 간의대의 석축 쌓는 일을 했습니다. 그러다가 그의 영특함과 재질이 인정되어, 간의대에 장치할 '혼천의'를 만드는 일이 그에게 맡겨졌습니다.

혼천의는 하늘에 떠 있는 온갖 것들, 즉 천체의 운행과 위치를 관찰하기 위한 기계입니다. 그 형태는 지금까지 보존되어 있지 않지만 책을 통해 그 그림이 전해지고 있습니다. 그것은 상처럼 생긴 것으로 판에 해、달、별의 모양이 표시된 몇 개의 회전판이 있어서 그것을 돌려 가며 천체 관측을 하는 것이었습니다.

장영실은 세종대왕께 지금 것보다 좀더 큰 간의대를 하나 더 만들어야겠다고 아뢰었습니다. 세종대왕의 허락을 받은 장영실은 새로이 간의대를 하나 더 쌓고, 보다 더 시간을 잘게 구분할 수 있는 기계를 연구하기 시작했습니다.

물론 혼천의로도 천체를 관측하여 그 하늘의 움직임을 보고 절기를 나누는 등 시간의 흐름을 알아볼 수 있었습니다. 그러나 정확한 시계로서는 부적당했습니다.

그리하여 장영실은 궁중에 있는 귀중한 서적들을 참고로 공부하고 연구하여 '신루' 라는 이름의 모래 시계를 만들어 냈습니다.

이 신루가 바로 훗날 자격루가 만들어지는데 결정적인 역할을 하는 것입니다. 그러나 이 신루에 대해서는 전해지는 바가 별로 없는데 그다지 완전한 시계 형태는 아니었던 모양입니다.

그 다음 만들어 낸 것이 '앙부일영' 이라는 해시계입니다. 이 시계는 '앙부일구' 라고도 불리는데 언뜻 보면 화로와 비슷한 모양입니다. 이 해시계의 겉테두리에는 24절기가 새겨져 있고, 가운데에는 햇빛을 받아 그림자를 만드는 바늘이 놓여 있어서 해의 움직임에 따라 바늘 그림자가 시간을 가리키도록 만들어진 구조였습니다.

이 앙부일영은 세종대왕의 지시로 장영실이 세운 '흠경각' 이라는 천문 연구소에서 만들어졌습니다. 장영실은 이 흠경각의 책임자였던 것이지요.

다시 말하면 흠경각은 서양의 시계 제작소나 마찬가지였습니다. 그 당시는 하늘이 시간을 가르쳐 주었으므로 하늘을 관측한다는 것과 시계를 제작하는 것과는 뗄래야 뗄 수 없는 관계였습니다.

자, 그런데 24절기란 무엇일가요?

여러분은 가끔 어른들이 사용하는 낯선 날짜 이름들을 들었을 것입니다. 예를 들어 '입춘이 머지않았으니 곧 봄이 올 것이다.' 또는 '이번 동지에는 팥죽을 쑤어서 동네 사람들과 나누어 먹어야겠다.' 라는 등의 말을 말입니다.

입춘과 동지란 무슨 뜻의 명칭일까요? 그것은 24절기 명칭의 일부분입니다.

24절기란 아주 옛날부터 동양에서만 전해져 내려온 날짜 계산법인데 1년을 24등분하여 각 시기마다의 특성을 살려 이름을 붙인 것이지요. 즉, 태양의 움직임을 보고 1년을 나누어 계산한 것입니다.

24절기는 알고 보면 아주 쉬울 뿐만 아니라 또한 알아 두면 매우 편리하고 재미있는 날짜 계산법입니다.

각 절기는 태양의 움직임이 15°씩 변할 때마다 바뀌게 됩니다. 주로 1달에 두 절기씩 들어 있는데 1월부터 차례차례 살펴보도록 하지요.

달력을 펼쳐 보면 1월 5일부터 6일이나 혹은 7일의 날짜 밑에 소한이라는 작은 글씨가 쓰여 있을 것입니다.

소한은 태양의 기울기가 285°일 때이며, 겨울의 한고비에 접어들어서 가장 추울 때입니다.

1월 20일이나 21일의 숫자 밑에는 대한이라는 낱말이 쓰여 있습니다. 이때는 태양의 기울기가 300°일 때이며 추위가 최고조에 이르러 몹시 추울 때입니다.

2월로 달력을 넘기면 3일이나 4, 5일의 날자 밑에 입춘이라고 쓰여 있습니다. 이것은 태양의 기울기가 315° 일 때인데, 이때부터 햇볕은 점점 따뜻하여 지고 얼었던 강물이 서서히 녹기 시작하면서, 곧 봄이 멀지 않았음을 알립니다.

다음으로 2월 18일부터 19,20일 사이에 우수가 들어 있습니다. 우수는 태양의 기울기가 330° 일 때입니다. 기온은 점점 따뜻하여 지고 곳곳에 아지랑이가 피어오릅니다. 또한 새싹들도 돋아납니다.

3월 5일이나 6일은 태양의 기울기가 345° 에 다다르며 그 때를 경칩이라고 부릅니다. 경칩에는 겨울잠을 자던 벌레들이

따뜻한 봄볕을 느끼고 잠에서 깨어나 꿈틀거리기 시작하는 시기입니다.

3월 20일부터 21, 22일 사이에 있는 춘분은 태양의 기울기가 0° 이며, 이젠 겨울 기분은 완전히 사라지고 어디를 가나 봄을 느낄 수 있는 때입니다. 이때는 낮과 밤의 길이가 똑같아집니다.

4월 4일이나 5일의 날짜 밑에 쓰여진 청명은 태양의 기울기가 15° 일 때입니다. 이름 그대로 날씨가 맑고 깨끗하며 따뜻한 바람이 붑니다.

다음은 곡우인데, 이것은 태양의 기울기가 30° 일 때를 가리킵니다. 날짜는 4월 20일에서 21사이로 봄비가 자주 내립니다. 비를 맞고 온갖 곡식들이 살이 찌는 때이기도 합니다.

5월 5일과 6일 중에 입하가 있는데 태양의 기울기가 45° 일 때이며, 여름으로 접어드는 때입니다. 풀과 꽃들은 싱싱한 모습으로 자라며 나무들도 서서히 푸른 옷으로 갈아입습니다.

5월 20일이나 21일은 태양의 기울기가 60° 일 때이며 소만이라고 부릅니다. 여름 기분이 나기 시작하는 시기로 햇볕이 봄에 비해 제법 뜨겁게 느껴집니다.

6월 5일이나 6일 중에 있는 망종은 태양의 기울기가 75° 일 때입니다.

들판의 보리는 누렇게 익어서 먹을 수 있게 되고, 푸른 나뭇잎은 무성해집니다.

6월 21일부터 22, 23일 사이에 있는 하지는 태양의 기울기가 90° 일 때이며 낮이 1년 중에 가장 깁니다. 이때 농촌에서는 논에 모를 심기 시작합니다.

태양의 기울기가 105° 가 되는 때가 소서입니다. 날짜는 7월 6일에서 7일, 8일 사이이며 본격적으로 더위에 접어드는 때입니다. 따라서 햇빛은 따갑고 바람은 무덥게 느껴집니다.

대서는 7월 22일이나 23일이며, 태양의 기울기는 120° 입니다. 더위가 최고조에 이르며, 장마가 시작되어 비가 오는 날이 많습니다.

8월로 접어들면 더위는 한꺼풀 기세가 꺾이고 가을이 멀지 않았음을 알리는데 이때가 입추입니다. 태양의 기울기는 135°이며 날짜는 8월 7일에서 8일 사이입니다.

8월 7일이나 8일 중에는 처서가 있습니다. 태양의 기울기는 150°이며 아침, 저녁으로는 공기가 서늘해집니다. 궂은 가을비도 많이 내립니다.

9월 7일에서 8일 사이는 태양의 기울기가 165°이며 이때를 백로라 부릅니다. 새벽이면 풀잎에 내린 이슬을 볼 수 있고 가을 벌레들의 울음소리도 들을 수 있습니다. 바람도 서늘하여 완전한 가을 기분이 듭니다.

9월 22일부터 23, 24일 사이에 있는 추분은 태양의 기울기가 180°일 때입니다. 춘분과 마찬가지로 낮과 밤의 길이가 같아지며 가을이 한껏 무르익어 막바지에 이릅니다.

다음이 한로인데 10월 7일부터 8, 9일 사이에 있으며, 태양의 기울기는 195°입니다. 공기가 점점 차가워지면서 풀과 나무에 찬이슬이 맺히는 것을 종종 볼 수 있습니다.

10월 23일이나 24일경의 상강은 태양의 기울기가 210°일 때입니다. 서리가 자주 내리고 기온이 쌀쌀해 집니다.

11월 7일 또는 8일은 입동인데, 태양의 기울기는 225° 로서 겨울로 접어드는 때입니다. 가을 기분은 완전히 사라집니다.

11월 22일이나 23일 중에 태양의 기울기가 240° 일 때는 소설이라고 하는데, 이젠 모든 것이 겨울과 같은 느낌을 줍니다. 산간 지방에서는 눈도 종종 내리고, 얼음이 얼기도 하며 바람이 매우 차갑습니다.

대설은 태양의 기울기가 255° 일 때로 12월 6일에서 7일경입니다. 자주 눈이 내리고 날씨는 매우 춥습니다.

12월 21일부터 22일, 23일 사이에 있는 동지는 태양의기울기가 270°일 때입니다. 태양의 남쪽으로 가장 기울어져 있어 태양의 높이가 1년 중 제일 낮습니다.

또한 해가 떠 있는 시간도 1년 중 가장 짧으며, 따라서 낮이 짧고 밤이 깁니다. 이때는 귀신을 물리친다고 하여 온 집과 대문, 벽 등에 팥죽을 쑤어 뿌리는 관습이 전해지고 있습니다.

이상으로 24절기를 다 살펴보았습니다. 이것은 4계절을 3개월씩으로 나누어 계절을 정확히 계산하기 위한 것이었으며 이를 음력이라고 불렀습니다. 지금은 이 음력이 그다지 중요하게 사용되지 않고 있으나 농사를 지으며 생활하던 당시에는

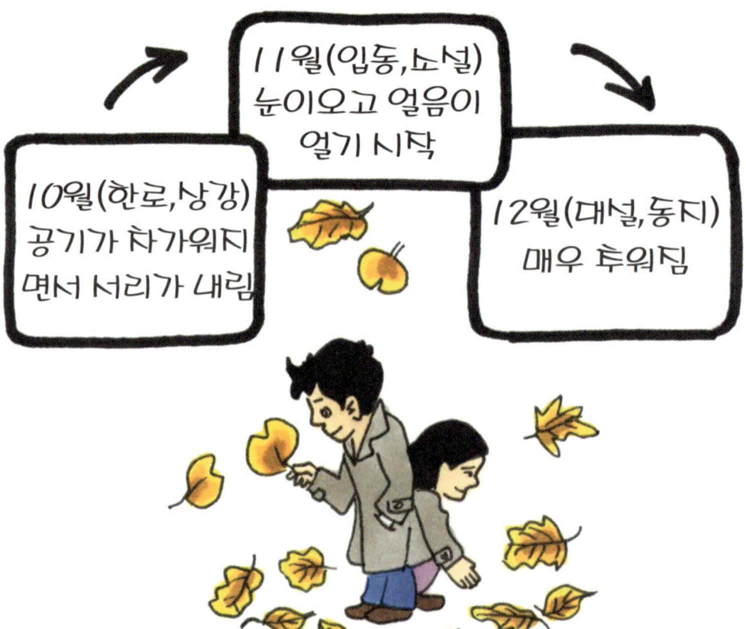

많은 사람들에게 널리 쓰였습니다.

이제 그럼 다시 장영실의 시계 이야기로 돌아가 볼까요?

장영실은 앙부일영을 만들어 낸 지 1년 만에 다시 '간의'를 발명하였습니다. 간의 역시 천체를 관측하여 시간을 재는 천체 관측 기구로 이 기구는 간의대의 부족한 점을 보완한 것이었습니다.

간의는 크기가 여러 종류였습니다. 그 중에는 들고 다닐 수 있을 만큼 작은 것도 있었습니다.

장영실은 휴대가 가능한 간의들을 백두산과 마니산 · 한라산에 각각 설치하고, 관측 요원들을 두어 그 간의로 하여금 천체를 관찰하게 하였습니다.

이런 관측기들은 당시의 세계 수준을 훨씬 뛰어넘는 우수한 것이었으나, 병자호란과 임진왜란 같은 전쟁으로 인해 소실되어 보존되지 못하고 지금은 다만 그 이름만이 전해질 뿐입니다.

'일성정시기'라는 기계 역시 지금은 이름만 전해지고 있는데, 간의가 만들어진 2년 후에 만들어졌습니다. 이것은 이름 그대로 해와 별을 관측하는 기계였으리라 추측되고 있습니다.

궁궐에 들어온 지 10년이 넘게 되는 해인 1441년 장영실은 자격루라는 우리나라 최초의 물시계를 발명하였습니다.

장영실이 만든 자격루
(물시계)

이 시계는 앙부일영과 마찬가지로 정확한 시간을 알기 위한 것이었습니다. 좁은 구멍을 통하여 물이 일정하게 떨어지도록 하여 그릇에 정해진 양의 물이 모이게 되면 소리를 저절로 내면서 시간을 알려 주었습니다. 동시에 그릇에 모인 물은 쏟아지고 다시 구멍을 통해 물이 떨어지는 것입니다. 이렇게 해서 하루 24시간 동안 쉬지 않고 시간을 알렸습니다.

참, 그 당시에는 지금처럼 하루를 24시간이라 부르지 않고 '24방위'라고 불렀습니다. 24방위란 방위를 스물넷으로 나눈 것인데 그 각각의 방위가 시간을 가리켰습니다.

24방위는 아래와 같습니다.

〈24방위〉

(방위)	오전	(방위)	오후
계시	1시	정시	1시
축시	2시	미시	2시
간시	3시	곤시	3시
인시	4시	신시	4시
갑시	5시	경시	5시
묘시	6시	유시	6시
을시	7시	신시	7시

하루는 24시간인데 옛날엔 24방위라
불렀답니다.

내일 곤시(오후3시
까지는 돌아오겠소.

진시	8시	술시	8시
손시	9시	건시	9시
사시	10시	해시	10시
병시	11시	임시	11시
오시	12시	자시	12시

그러나 이때의 시간과 지금의 표준 시간과의 관계는 약간 차이가 있습니다. 즉, 오전 1시인 '계시'는 지금 시간으로 오전 0시 30분부터 1시 30분까지의 1시간을 가리켰던 것입니다. 마찬가지로 '축시'는 오전 1시 30분부터 2시 30분까지였습니다.

12시법은 아래와 같습니다.

자시 : 오후 11시부터 오전 1시까지

축시 : 오전 1~3시 사이

인시 : 오전 3~5시 사이

묘시 : 오전 5~7시 사이

진시 : 오전 7~9시 사이

사시 : 오전 9~11시 사이

오시 : 오전 11시부터 오후 1시까지

미시 : 오후 1~3시 사이

신시 : 오후 3~5시 사이

유시 : 오후 5~7시 사이

술시 : 오후 7~9시 사이

해시 : 오후 9~11시 사이

그 당시 일상 생활에서는 24방위보다 12시법을 더 많이 사용했습니다.

세종대왕은 장영실이 만든 물시계 자격루를 이용해 일반 백성들에게 시간을 알려 주도록 하였습니다. 자격루가 알리는 시간에 따라 종각에 설치된 종을 울리게 하였던 것입니다.

그 종소리는 우리나라 시계 역사의 첫 새벽을 여는 종소리였습니다.

과거의 시계에서 미래의 시계로

별자리 시계

현재 우리들이 사용하고 있는 시계와 같이 발달된 형태의 시계가 나오기 이전에는 하늘을 보고 시간을 알았다는 것을 여러분은 지금까지의 이야기를 통해 알게 되었습니다.

그런데 하늘에 떠 있는 별들의 어떤 움직임을 보고 시간을 알았을까요? 지금 우리가 사용하고 있는 시계가 고장나면 별자리의 운동을 보고 다시 맞출 수 있다고까지 하는데 그것이 사실일까요?

이제부터 그 신비하고 영원한 시계의 구조를 살펴보도록 하지요. 넓은 공간의 하늘을 쳐다보면 마치 둥근 원을 반 잘라

놓은 것처럼 둥글게 보입니다. 이 둥근 원의 안쪽 면을 '천구'라고 부르는데 별들은 이 천구에 붙어 있는 듯이 보입니다.

밤 하늘의 별들을 자세히 관찰하면 매일 밤 별들의 위치가 조금씩 바뀌고 있음을 알게 됩니다. 그러나 사실은 별이 움직이는 것이 아닙니다. 지구가 끊임없이 돌고 있기 때문에 마치 별이 움직이는 것처럼 보이는 것입니다. 그렇게 지구가 도는 것을 '자전'이라고 부르는데 그것은 사람이 제자리에서 맴도는 모습에 비유할 수 있습니다. 지구는 또한 '공전' 운동도 합니다. '공전' 운동은 지구가 태양의 둘레를 도는 것을 말하는

데 즉 지구는 자전하면서 동시에 공전 운동을 하는 것입니다. 이것은 팽이가 제 몸을 돌리면서 또한 큰 원을 그리며 움직이는 것과 같습니다.

이와 같이 먼 옛날부터 지금까지 지구가 쉬지 않고 일정한 운동을 해왔기 때문에 별들이 시계의 역할을 할 수 있었던 것입니다. 지구가 제 몸을 한 바퀴 돌리면 하루가 지납니다. 다시 말하면 지구가 한 번 자전하면 24시간이 흐르는 것이지요. 지구가 돌면 하늘의 별은 남쪽에 있는 별이 천천히 원을 그리며 왼쪽에서 오른쪽으로 움직이는 것처럼 보이고, 북쪽의 별은 오른쪽에서 왼쪽으로 움직이는 것처럼 보이게 됩니다. 또

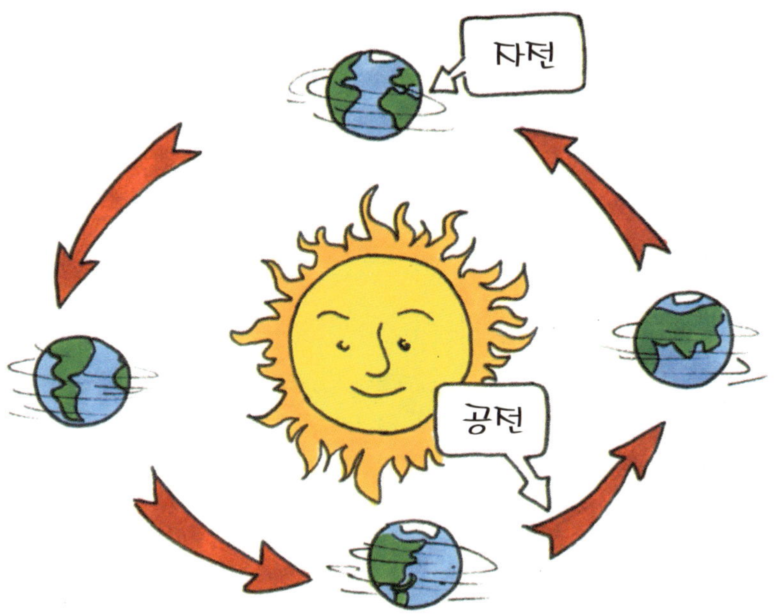

한 지구가 한번 공전하면 1년이 흐릅니다. 별의 위치가 계절에 따라 바뀌는 것은 지구의 공전 때문입니다.

옛날 그리스 사람들은 자기들의 신화에 나오는 신과 동물의 이름을 따서 많은 별자리 이름을 지었습니다. 현재는 국제천문학 연맹이라는 단체에서 별자리 88개를 정했습니다. 이것은 전 세계에서 인정하여 사용하고 있습니다.

이 가운데 황로 12궁이라는 별자리가 가장 중요하게 여겨지고 있습니다. 황로 12궁은 양자리, 황소자리, 쌍둥이자리, 게자리, 사자자리, 처녀자리, 천칭자리, 전갈자리, 궁수자리, 염소자리, 물병자리, 물고기자리 등의 12개 별자리인데, 이것들은 정확하게 30일마다 한 개씩 태양과 맞은편 하늘의 일정한 곳에 나타납니다. 태양과의 맞은편 위치에 두 개의 별이 모여서 된 양자리 별이 나타나면 그때는 1월입니다. 또 그 위치에 황소자리가 나타나면 그때는 2월입니다. 이런 식으로, 쌍둥이자리가 나타나면 그때는 3월이며, 게자리가 나타나면 4월, 사자자리는 5월, 처녀자리는 6월, 천칭자리는 7월, 전갈자리는 8월, 궁수자리는 9월, 염소자리는 10월, 물병자리는 11월, 물고기자리가 그 위치에 나타나면 그때는 12월인 것입니다.

이렇게 별들의 위치가 바뀌는 것을 보고 한 달이 지났음을

알게 되었습니다.

각 계절에는 또 어떻게 변화했을까요? 봄철 하늘의 대표적인 별자리는 북두칠성이라고 할 수 있습니다. 북두칠성은 큰곰자리의 일부분인데, 국자 모양으로 생긴 이 북두칠성의 자루 쪽의 2번째 별은 별이 두 개가 모인 이중성입니다.

옛날 아라비아라는 나라에서는 병사들의 눈검사를 하는데 그 별을 이용했다고 합니다. 이별이 보이는 사람만이 병사로서의 자격이 있었던 것입니다.

또 동족에서 남쪽에 걸쳐서는 바다뱀자리라는 별자리가 있고 그 위로는 사자자리가 있습니다. 사자자리 곁의 서쪽에는 게자리가 있고, 길게 늘어선 바다 뱀자리 바로 위쪽에 까마귀 자리가 있습니다.

북두칠성의 국자자루에서 남쪽으로 뻗어가면 아크투르스가 나오고, 거기서 다시 남쪽으로 쭉 뻗어나가면 처녀자리에 닿습니다. 이렇게 북두칠성과 아크투르스, 그리고 처녀자리를 대각선으로 연결해서 만들어진 정삼각형의 형태를 봄의 대 삼각형이라고 부릅니다.

이렇듯 사자자리, 게자리, 바다뱀자리, 까마귀자리 등이 위와 같은 위치에 늘어선 모습과 봄의 대 삼각형이라고 불리는 세 별의 위치를 보고, 봄이라는 것을 알 수 있었습니다.

여름철을 대표하는 별자리는 남쪽 하늘의 전갈자리와 궁수자리, 왕관자리, 그리고 은하수를 양쪽에서 끼고 있는 거문고자리, 독수리자리, 은하수 한복판에 자리잡고 있는 백조자리 등입니다.

전갈자리는 커다란 S자 모양을 이루고 있는데, 그 전갈자리 동쪽 은하수 한가운데 5개의 별이 모인 궁수자리가 전갈을 향해 화살을 겨누고 있는 모습으로 놓여 있습니다.

거문고자리는 우리나라에서는 직녀성이라고 부르며 은하수의 서쪽에 4개의 별로 된 긴 네모꼴을 하고 있습니다.

이 맞은편에, 즉 은하수의 동쪽에 3개의 별이 놓여져 있는

데 이것을 서양에서는 독수리자리라고 부릅니다.

그러나 우리나라에서는 견우성이라고 부르며 이 견우성과 직녀성은 여러분도 들은 적이 있을 견우、직녀의 슬픈 전설을 담고 있습니다.

견우성과 직녀성, 즉 독수리자리와 거문고자리 사이에 5개의 별이 십자가 모양으로 펼쳐져 있는데 이것이 백조자리입니다.

또 거문고자리 바로 왼쪽에는 4각형을 이룬 변자리가 있는데 이것은 용자리라고 부릅니다. 날개를 펴고 목을 길게 뺀 백조의 모습과 같다고 해서 이름이 붙여진 백조자리와 베가 · 알

테어라는 밝은 빛을 내는 세 별을 연결하면 이것 역시 커다란 삼각형을 이룹니다.

이것을 여름의 대 삼각형이라고 하고, 그 모습이 보이면 이제는 여름인 것입니다.

가을 밤하늘에는 은하수를 중심으로 별들이 매우 찬란하게 펼쳐져 있습니다.

남쪽 하늘에 고래자리가 길게 뻗어 있고 그 위에 물고기자리가 놓여 있으며, 물고기자리 위에는 페가수스자리가 펼쳐져 있습니다.

북쪽 하늘에는 안드로메다 별이 높이 떠 있고 그 아래 은하수 사이에 카시오페아가 W자 모양으로 자리하고 있습니다.

그러나 가을 하늘의 별들은 대부분 뚜렷하게 환한 빛을 내뿜지 않고 다만 페가수스 자리의 큰 삼각형 모양과 카시오페아 자리의 W자 모양이 눈에 띌 정도입니다.

또, 물병자리의 별은 9월 초순 밤 10시쯤 정남쪽에 매우 환하게 그 형태를 드러냅니다.

겨울철은 4계절 가운데 밤하늘이 가장 맑아서 별이 제일 또렷하게 잘 보입니다. 넓게 펼쳐진 은하수를 중심으로 쌍둥이자리, 마차부자리, 오리온자리, 황소자리 등이 놓여 있는데, 황소자리는 V자 모양을 하고 있습니다. 이 황소자리의 눈 부분의 별은 붉은 빛을 냅니다.

남쪽 하늘의 은하수 옆에는 푸르스름한 빛을 내뿜고 있는 오리온자리가 펼쳐져 있습니다. 오리온자리는 4계절 내내 모든 별자리들 중에서도 가장 아름다운 별자리입니다.

동쪽에서 솟아올라 서쪽으로 가라앉으며, 2월 초순 밤 8시쯤 남쪽에 자리잡습니다. 이 오리온자리의 허리 부분에 있는 세 개의 밝은 별을 우리나라에서는 삼태성이라고 부릅니다.

오리온자리의 한 별인 베텔키우스와 큰 개자리의 시리우스, 작은 게자리의 프로키온이라는 세 별을 이어서, 그것을 겨

울의 대 삼각형이라고 부릅니다.

황소자리 동쪽에 2줄로 길게 늘어서 있는 별자리가 쌍둥이자리인데, 이 별자리는 마치 머리에 별모양의 관을 쓴 두 형제가 놀고 있는 모습처럼 보입니다. 그것은 쌍둥이자리의 머리쪽에 2개의 작은 별이 반짝이고 있기 때문입니다.

황소자리의 뿔 위쪽에는 5개의 커다란 별이 펼쳐져 있는데 이는 마차자리라고 부릅니다. 이 별자리의 카펠라라는 노란 별은 나이가 태양과 비슷하다고 합니다. 이 모든 별자리들의 위치가 겨울을 알려 주는 것입니다.

이상과 같은 각 계절에 따른 별자리의 이동은 오랜 세월 흐트러짐 없이 반복되어 왔습니다. 지금까지 그래왔듯이 앞으로도 이러한 별자리 운동은 끊임없이 이어질 것입니다.

우리는 계절마다 다른 시계를 하늘에 걸어 두고 있는 셈이지요.

원자 시계

앞에서 말했듯이 지구는 끊임없이 자전하고 공전하며 따라서 별자리들의 위치가 바뀌고 계절도 변화합니다. 그것은 아

주 오랜 세월 동안 반복되어 온 일입니다.

그런데 현대의 발달된 과학 문명은 지구의 오랜 자전 운동의 반복에도 오차가 있음을 발견해 냈습니다.

영원히 변치 않는 하늘의 시계라고 믿었던 별들의 흐름이 정확하지 못하다는 것일까요? 그런 것은 아닙니다. 오차의 차이는 아주 작은 것이어서 몇 년 단위로는 전혀 나타나지도 않는 것입니다.

1900년경까지도 지구의 자전 운동을 가지고 시간을 계산하였습니다. 즉 1초란, 지구가 1바퀴 자전한 시간인 하루의 8만 6400분의 1인 시간인 것입니다.

이렇게 계산된 시간들에 담겨진 그 작은 오차는 그 당시 생활에 아무런 영향도 끼치지 않았습니다. 다만 그 오차들이 오랜 세월 동안 쌓여 눈에 두드러지게 되면 일어날 여러가지 혼란을 미리 막기 위하여 몇몇 학자들은 미리 새로운 시간 계산법을 개발하였습니다.

그리하여 1956년부터는 시간을 지구의 공전 운동을 가지고 계산하게 된 것입니다.

즉 지구가 태양의 둘레를 1바퀴 도는 1년을 잘게 나눈 것입니다. 그래서 31,556,925.9747분의 1이 1초라는 결론이 맺어졌습니다.

이것은 언제까지나 변하지 않는 매우 정확한 계산법이지만 시간을 측정하는데 지나치게 많은 시간이 걸린다는 단점도 가지고 있습니다.

최근에는 '세슘' 이라는 알칼리 금속 원소를 이용한 원자 시계도 개발되었습니다. 이 원자 시계는 세슘 원자의 진동수를 계산하여 시간으로 옮긴 것입니다. 세슘 원자는 1초 동안 91억 9263만 1770번 진동하여 높은 에너지 상태에 이릅니다.

그것을 반복해 곱하게 되면 더 큰 단위의 시간이 측정되어지는 것이지요.

그러나 배나 비행기의 위치 또는 인공 위성의 궤도 결정을 위해서는 지구가 자전하여서 얻어지는 시간 간격이 필요합니다. 때문에 현재는 지구의 자전 시간 즉 별자리의 움직임으로 측정해 낸 시간과 원자 시계를 모두 사용하여 세계의 표준시를 정하고 있습니다.

성경책을 읽는 것으로 시간을 재던 인간들이 이제는 물질의 원자를 이용해서 시간을 측정하기에까지 이른 것이지요.

타임머신

먼 옛날에 살던 당시의 사람들은 원자 시계란 상상도 하지 못했을 것입니다. 마치, 달에 대해서 계수나무 아래 옥토끼가 떡방아를 찧고 있다는 이야기를 하였듯이 말이지요.

그러나 지금은 어떻습니까? 우주선을 탄 우주인이 달까지 날아가 달의 표면을 밟아 보고 돌아왔습니다. 그 발자국은 달에 공기와 물, 바람이 없기 때문에 아직까지도 그대로 남아 있다고 합니다.

월면차라는 것을 만들어 우주선에 싣고 가서 그 차로 달 표면을 달리기도 했습니다. 텔레비전 카메라는 그러한 달의 모습까지 전해 주었습니다.

이 역사적인 사건은 1969년에 일어났는데, 그 몇십 년 전까지만 해도 대부분의 사람들이 전혀 상상하지 못했던 일이었습니다.

그렇다면 앞으로도 계속 어떤 기적 같은 일들이 또 일어날까요? 그러한 미래의 일들은 지금 우리가 거의 상상할 수 없는 것이거나 불가능하다고 믿고 있는 일일지도 모릅니다. 그리고 그 일은 어느 날 갑자기 사람들의 눈앞에 펼쳐질 것입니다.

많은 사람들이 달의 얼룩에서 옥토끼의 형태를 그리고 있을 때 연구소에서 땀을 흘리며 우주선을 연구하던 사람들이 있었던 것과 같이, 지금 이 지구 어느 구석에서 누군가 힘들여 무언가를 만들어 내고 있을지도 모르니까요.

그것이 혹시 타임머신은 아닐까요?

그래서 타임머신을 통한 시간 여행이 실제로 가능해지는 것은 아닐까요?

우리들이 살고 있는 하루하루의 시간들은 모두 과거로 흘러가 버립니다.

그런데 타임머신이 발명되어 흘러간 과거로부터 미래까지,

시간의 흐름 속을 자유롭게 왔다갔다한다면 얼마나 재미있을까요?

그동안의 시계가 단지 과거에서 미래로 일정하게 흐르고 있는 시간만을 계산하여 담아 두는 역할을 해왔다면 타임머신은 과거와 미래의 시간을 자유롭게 왕래하며 그 시간을 지배할 것입니다. 또한 공룡이 살았다는 1억 년 전의 과거 세계에도 가 볼 수 있을 것입니다.

내일 어떤 일이 일어날 것인가도 미리 알아볼 수 있습니다. 그러나 정말 그것이 가능할까요?

처음 타임머신이라는 기계를 생각해 낸 사람은 영국의 작

가 웰즈였습니다. 그는 자신의 소설 속에 이 흥미진진한 기계를 등장시켰는데 그가 타임머신 소설을 발표하자 많은 사람들이 그 공상의 기계에 대해 관심을 갖게 되었습니다.

이후로 타임머신은 여러 사람들에 의해 소설과 만화 또는 영화 속에까지 등장하게 되었습니다. 그만큼 그 기계는 매력적인 것이었습니다.

그러나 사실 타임머신이라는 기계를 실제로 만드는 것은 거의 불가능합니다. 그것은 이론으로 분명히 증명되었습니다.

아인슈타인이라는 유명한 과학자는 물체의 운동과 시간의 관계를 깊이 연구하여 지금으로부터 60년 가량 전에 '상대성

이론' 이라는 것을 발표했습니다. 그 이후에도 많은 과학자들이 그 내용을 더 깊이 연구하고 실험하여서 오늘날에는 누구도 그 이론을 의심하지 않습니다.

상대성 이론에 의하면 어떠한 물체라도 빛보다 빨리 달릴 수는 없다고 합니다. 빛이 얼마나 빠른지 거울을 보면 알 수 있습니다.

자, 거울을 들여다보세요. 자신의 얼굴이 보이지요? 그러나 지금 그 거울 속에 담긴 호기심 많은 표정의 얼굴은 이미 과거의 얼굴입니다. 거울을 들여다보는 얼굴은 빛이 거울에 담을 때까지는 시간이 걸리게 되는데 그 시간은 너무나 빠른 빛의 속도로 인해 마치 그 걸리는 시간이 존재하지 않는 것처럼 보이는 것입니다.

어느 무엇이 1초에 지구를 일곱 바퀴 반이나 돌 수 있겠습니까?

만약 인간이 빛보다 빨리 달릴 수 있다면 과거로 시간을 거슬러 올라갈 수 있습니다. 그러나 그것은 도저히 불가능합니다. 따라서 아무리 과학이 발달해도 타임머신은 불가능하다는 것이지요.

타임머신이 불가능하다면, 시계는 단지 과거에서 미래로 흐르는 시간만을 계산할 뿐이라면 그러면 더 이상 시계의 발

달은 멈춘 것일까요? 몇백 년 동안 수많은 사람들의 노력에 의해서 계속되어 오던 시계의 발전이 말입니다. 그렇지는 않습니다.

시계의 가장 큰 역할인 정확도가 완벽에 이르렀으므로 앞으로는 시계의 장식적인 면과 영구성 · 방수성 등의 기능적인 면에 연구와 노력이 집중될 것입니다. 시계의 발달은 별자리 운동처럼 변함없이 지속될 것입니다.

한편 상상으로의 타임머신은 얼마든지 가능합니다.

박물관에 가서 커다란 공룡의 뼈를 보면 우리는 상상으로 그 공룡의 뼈에 살을 붙이고 숨을 쉬게 합니다. 불을 뿜게 할 수도 있습니다. 그리고 그 공룡이 큰 바위산을 걷는 모습까지도 그려 볼 수 있습니다. 이것은 과거로의 시간 여행입니다. 시간을 거슬러 올라간 것이지요.

또한 우리는 이 책을 읽으면서 어느 작은 마을의 성당에서 열심히 성경책을 읽고 있는 오거스틴 신부를 보았습니다. 그리고 2000년 전의 로마 재판정에도 들러서 불쌍한 마커스가 클렙시드라 시계를 들여다보며 두려움에 떨고 있는 모습도 보았습니다. 우리의 기억력과 무한한 상상력이 바로 타임머신인 셈입니다.

미래로의 시간 여행은 또 어떨까요?

미래 역시 상상력으로 타임머신 여행이 가능합니다.

그렇다면 내일로 가 볼까요? 오늘 숙제를 하지 않았다고요? 내일 분명히 선생님께 꾸중을 들을 것입니다. 오늘 열심히 과학 공부를 하고 있다고요? 내일엔 과학자가 되어 있을 것입니다.

미래는 끊임없이 '지금'을 거쳐서 '과거'로 탈바꿈하는 것이니까요.

과거와 미래로 타임머신

2014. 3. 10 인쇄
2014. 3. 15 발행

엮은이 대한과학진흥회
펴낸이 신 주 황
펴낸곳 스완미디어
등록 제2-4534호
주소 서울 · 중구 만리동1가 12-33 태영빌딩
대표전화 02) 393-0026
팩스 02) 312-8349

ISBN 978-89-92565-39-4

값 8,500원
※ 잘못된 책은 구입하신 곳에서 바꾸어 드립니다